全民阅读阶梯文库

科普科幻卷 14 岁

总主编 顾之川

让蚊子戴罪立功

本册编者 吴庆芳 郑祚军

领读者 聂震宁 高洪波 韩松

扫一扫，尽享本书
配套音频，感受听书乐趣！

上海交通大学出版社
SHANGHAI JIAO TONG UNIVERSITY PRESS

内容提要

　　"全民阅读·阶梯文库"丛书借鉴国外分级阅读理念，根据0～18岁不同年龄段读者的心智特点与认知水平编写，标识明确的年龄段，由易到难，循序渐进。按照体裁或内容划分单元，涵盖诗词曲赋、文史哲经、科普科幻等方向。

　　本书包括六个部分，分别是万物有灵、科技短波、探秘自然、物语哲思、思享空间和亦真亦幻。选文题材广泛，语言严谨流畅，兼具科学性、思想性和趣味性。每篇文章设有"阅读点拨"，每个单元后附有"我思我行"，有利于读者加深阅读理解，拓展实践能力，提升阅读水平。

图书在版编目(CIP)数据

　　阶梯阅读.科普科幻卷.14岁:让蚊子戴罪立功/吴庆芳,郑祚军编.
—上海:上海交通大学出版社,2017
ISBN 978-7-313-18763-5

Ⅰ.①阶…　Ⅱ.①吴…②郑…　Ⅲ.①阅读课-初中-教学参考资料
Ⅳ.①G634.333

中国版本图书馆CIP数据核字(2017)第329396号

阶梯阅读科普科幻卷 14岁·让蚊子戴罪立功

编　　者:吴庆芳　郑祚军
出版发行:上海交通大学出版社　　　　　　地　　址:上海市番禺路951号
邮政编码:200030　　　　　　　　　　　　电　　话:021-64071208
出 版 人:谈　毅
印　　制:上海景条印刷有限公司　　　　　经　　销:全国新华书店
开　　本:880mm×1230mm　1/32　　　　印　　张:5.375
字　　数:112千字
版　　次:2018年1月第1版　　　　　　　　印　　次:2018年1月第1次印刷
书　　号:ISBN 978-7-313-18763-5/G
定　　价:28.00元

全民阅读·阶梯文库

总主编

顾之川

领读者

聂震宁　高洪波　金　波　韩　松

编委会

聂震宁　高洪波　金　波　韩　松
顾之川　刘佩英　胡　晓　焦　艳
刘晓晔　吴庆芳　李国华　孟庆欣
杜德林　蒋红森

分册编者

马歆乐	陈敏倩	刘素芳	王　芳
袁　惠	张小娟	喻祖亮	沈　俊
张红梅	雷光梅	易灿华	丁连忠
孙文莲	李传方	孟　娜	郑祚军
阎义长	李　铭	苑子轩	盛　宏
祝世峰	朱俊峰	杜德林	宋亚科
杨　韧	张　锐	程玉玲	盛江伟
田丽维	李占良	尹　琦	何　萍
姜　丹	杨晓霞	许红兵	季龙刚
刘英传	高　虹	杨晓明	张宏强
范文涛	苗　锋	信旭东	孙　玉
宋　宇	刘卫民	杨　琼	

（以上排名不分先后）

目 录

第一单元
万物有灵

　　每棵树、每个动物都跟人类一样,具有同样的价值与权利,它们完全无须借助魔法,便能对我们述说至真至美的故事,述说万物皆有灵的道理。自然因为它们而丰富多彩,魅力无穷;世界因为它们而五彩缤纷,生机盎然。

　　本单元向我们讲述了发生在人与动物、动物与动物之间的感人故事,展示了动物丰富的情感世界,读来让人难以忘怀。让我们怀着一颗敬畏的心,与万物一起友善地、和谐地生活在这个有灵有情的美丽世界。

"以身殉情"的螳螂

余 夫

早在 2 000 多年前,《庄子·人间世》就有"汝不知夫螳螂乎,怒其臂以当车辙,不知其不胜任也"的说法。于是,"螳臂当车"的成语便由此而生,用于嘲笑那些自不量力的人。

螳螂

其实,在昆虫世界里,螳螂应该称得上是勇猛的斗士。它属于肉食性昆虫,性情凶狠残暴。它的模样也生得很怪:在长长的颈部上面顶着一个能 180 度旋转的三角形的头,头顶上生有一对多节呈丝状的触角,还长着一对由上百个晶体状单眼组成的复眼,显得巨大发达而向外突出,在它眼前活动的物体只需 0.01 秒就可以被其所察觉,使它能及时观察到四面八方的猎物和敌情,并迅速做出反应。它的前胸特别长,占躯体长度的一半,前足上有很锐利的锯齿,像一把镰刀,是捕捉猎物的主要武器。

螳螂捕猎的动作,更是令人瞠目。当在绿树花丛中飞舞的昆虫来到螳螂眼前的时候,它的复眼和颈部的本体感受器立即神速地把昆虫的形状、大小、飞行速度和方向报告给大脑指挥部,并发出捕捉的命令。于是,螳螂悄悄地斜着张开翅膀,四只脚一步一步地慢慢走向昆虫,到离昆虫不远的地方时,突然全身立起,用大刀般的前足猛地向昆虫飞行的方向狠狠一击,以迅雷不及掩耳之势发动攻击,立即将昆虫活捉,不论是蝉、蛾、蟋蟀、蝗虫、苍蝇、蚊子……一瞬间就统统成了它的美餐。

　　然而,螳螂经常只看见眼前的利益,而忽略了身后的危险。当它们用闪电般的速度攻击昆虫时,也常常因此而暴露了形迹,反而成为鸟类捕食的对象,即人们常说的"螳螂捕蝉,黄雀在后"。

　　除了捕杀各种昆虫之外,螳螂之间还会自相残杀,在缺少食物的情况下,体形较大的螳螂往往会吃掉体形较小的同类,所以人们常常会在荒郊野外发现一些无头的螳螂尸体。尤其令人惊异的是,当雄螳螂和雌螳螂正在交媾的时候,体形较大的雌螳螂就将它的"丈夫"当作食物吃将起来!更为奇特的是,雄螳螂却对此进化出了一种对策,即在交配时即使整个头部都被雌螳螂切了下来,也不会影响交配的继续进行,并完成受精,因为它的生殖钩还留在雌螳螂的体内,而控制雄螳螂交配行为的神经中枢不在大脑内而在胸神经节和腹神经节中。

为什么雌螳螂会将与其交配的雄螳螂当作食物吃掉呢？这可能是因为雌螳螂在交配、繁殖、产卵的过程中，必须消耗大量的体能，因此交配时的雄螳螂就成为其最方便的一种食物了。这种现象虽然看起来十分残酷和野蛮，但雌螳螂正是通过这种方法来摄取能量，从而成功地繁衍后代的，而雄螳螂则以这种"以身殉情"的精神，当之无愧地成为动物界中对爱情最为坚贞的"大丈夫"。

（摘选自《探秘昆虫世界》，农村读物出版社 2009 年版）

阅读点拨

文章介绍了在 2 000 多年前就已经出现的肉食动物螳螂奇怪的长相、独特的捕猎动作等特点，特别是雄性螳螂，为了繁衍后代不惜"以身殉情"，让雌性螳螂吃掉自己来补充体能的奇怪习性。雄螳螂们为了爱情，为了后代，情愿牺牲自己，让人肃然起敬。

狒狒为何"爱"上鸡?

王兆贵

　　说起来,这是一条旧闻了,但这条旧闻却要用科学新发现才能回答。说的是在立陶宛西部港口克莱佩达市的一家动物园里,一只孤独的狒狒收养了一只小鸡。那只小鸡本来是投给动物园其他动物吃的,但它侥幸地逃跑了,被 6 岁的阿拉伯狒狒米蒂斯所收留。该园也曾经给米蒂斯喂过鸡肉,但这回它似乎爱上了自己的猎食对象。它待那只鸡像自己的孩子,同它一起玩耍,给它清理羽毛,和它一起睡觉,仔细照顾它。

　　狒狒属于灵长类中的猴科,属于濒于灭绝的珍稀动物,食物较杂,喜群居。科学研究发现,狒狒虽然没有语言能力,但具有复杂的抽象推理能力和社会行为。狒狒对外比较团结,作风果敢顽强,是自然界少有的敢与狮子战斗的动物,三五只狒狒就可以搏杀一只狮子。所以,国外动物园的说明文字亲切地称狒狒为"勇敢的小战士"。

　　在非洲原野,每天清晨,都是狒狒第一时间全体迎接太阳的升起,十分虔诚,所以古埃及人称狒狒是"太阳神的儿子"。每当旱季来临时,烈日疯狂地炙烤着大地,河水迅速干涸，只有较深的湖泊中还残存着少量的水，但那里被鳄鱼们霸占着。干渴难耐的动物们，到湖边饮水时常常会丧命鳄鱼之口，但狒狒却能以其智慧和勤劳得以幸免。它们会在湖泊不远处轮流挖坑，挖到一定的深度，湖泊里的水就会渗到坑里来，既解决了口渴问题，又避开了鳄鱼的伤害，这也是狒狒能在恶劣环境下顽强生存的重要原因。

这只狒狒之所以爱上鸡，恰恰印证了其自身原有的社会习性，它显然需要沟通的对象。这一行为与人类有共同之处，它昭示了这样一个常理：在有些情况下，排解精神方面的困扰优于享受物质方面的满足。为什么那些失恋的人、患忧郁症的人会厌食？因为食欲在积郁难耐时会退居次位。在狒狒的生活中，能有一只鸡与之相伴，比吃掉它更重要。

（选自《纳米战争的威胁》，北京师范大学出版集团、安徽大学出版社 2015 年版）

阅读点拨

本文生动地介绍了能与狮子作战的动物狒狒"爱"上猎食对象——鸡，并与之相伴的故事。文章告诉我们，自然界中动物也有社会行为，也有情感交流的需要，有时甚至还有利他的行为。保护我们人类的动物朋友吧！因为它们也和人类一样有情有义。

蝉　的　卵

[法]法布尔

普通的蝉喜欢在干的细枝上产卵。它选择最小的枝，像枯草或铅笔那样粗细，而且往往是向上翘起，差不多已经枯死的小枝。

它找到适当的细树枝，就用胸部的尖利工具刺成一排小孔。这些小孔的形成，好像用针斜刺下去，把纤维撕裂，并微微挑起。如果它不受干扰，一根枯枝常常刺出三四十个孔。卵就产在这些孔里。小孔成为狭窄的小径，一个个斜下去。一个小孔内约生十个卵，所以生卵总数约为三四百个。

这是一个昆虫很好的家庭。它之所以产这么多卵，是为了防御某种特别的危险。必须有大量的卵，遭到毁坏的时候才可能有幸存者。我经过多次的观察，才知道这种危险是什么。这是一种极小的蚋，蝉和它比起来，简直成了庞大的怪物。

蚋和蝉一样，也有穿刺工具，位于身体下面近中部处，伸出来和身体成直角。蝉卵刚产出，蚋立刻就想把它毁掉。这真是蝉家族的大灾祸。"大怪物"只需一踏，就可轧扁它们，然而它们置身于大怪物之前却异常镇静，毫无顾忌，真令人惊讶。我曾看见 3 个蚋依次待在那里，准备掠夺一个倒霉的蝉。

蝉刚把卵装满一个小孔，到稍高的地方另做新孔，蚋立刻来到这里。虽然蝉的爪可以够着它，而蚋却很镇静，一点不害怕，像在自己家里一样，在蝉卵上刺一个孔，把自己的卵放进去。蝉飞去了，多数孔内已混进异类的卵，把蝉的卵毁坏。这种成熟的蚋的幼虫，每个小孔内有一个，以蝉卵为食，代替了蝉的家族。

这可怜的母亲一直一无所知。它的大而锐利的眼睛并不是看不见这些可怕的敌人不怀好意地待在旁边，然而它仍然无动于衷，让自己的卵牺牲。它要轧碎这些坏种子非常容易，不过它竟不能改变它的本能来拯救它的家族。

我从放大镜里见过蝉卵的孵化。开始很像极小的鱼，眼睛大而黑，身体下面有一种鳍状物，由两个前腿联结而成。这种鳍有些运动力，能够帮助幼虫走出壳外，并且帮助它走出有纤维的树枝——这是比较困难的事情。

鱼形幼虫一到孔外，皮即刻脱去。但脱下的皮自动形成一种线，幼虫靠它能够附着在树枝上。幼虫落地之前，在这里行日光浴，踢踢腿，试试筋力，有时却又懒洋洋地在线端摇摆着。

它的触须现在自由了,左右挥动;腿可以伸缩;前面的爪能够开合自如。身体悬挂着,只要有微风就动摇不定。它在这里为将来的出世做准备。我看到的昆虫再没有比这个更奇妙的了。

不久,它落到地上。这个像跳蚤一般大的小动物在线上摇荡,以防在硬地上摔伤。身体在空气中渐渐变坚强了。它开始投入严肃的实际生活中了。

这时候,它面前危险重重。只要一点风就能把它吹到硬的岩石上,或车辙的污水中,或不毛的黄沙上,或坚韧得无法钻下去的黏土上。

这个弱小的动物迫切需要隐蔽,所以必须立刻到地下寻觅藏身的地方。天冷了,迟缓就有死亡的危险。它不得不各处寻找软土。毫无疑问,许多在没有找到以前就死去了。

最后,它找到适当的地点,用前足的钩挖掘地面。我从放大镜里见它挥动"锄头",将泥土掘出抛在地面。几分钟以后,一个土穴就挖成了。这小生物钻下去,隐藏了自己,此后就不再出现了。

未长成的蝉的地下生活,至今还是个秘密,不过在它来到地面以前,地下生活所经过的时间我们是知道的,大概是4年。以后,在阳光中的歌唱只有5个星期。

4年黑暗中的苦工,一个月阳光下的享乐,这就是蝉的生活。我们不应当讨厌它那喧嚣的歌声,因为它掘土 4 年,现在才能够穿起漂亮的衣服,长起可与飞鸟匹敌的翅膀,沐浴在温暖的阳光中。什么样的钹声能响亮到足以歌颂它那得来不易的刹那欢愉呢?

(节选自《昆虫记》,王光译,作家出版社 2008 年版)

阅读点拨

作者运用拟人化手法来描写蝉的一生,字里行间流露出对蝉的生长过程、漫长而苦难的历程的感叹和怜爱之情。

千年的等待

苇　笛

　　纳米布沙漠是世界上最古老、最干燥的沙漠之一,它起于安哥拉和纳米比亚边界,止于奥兰治河,沿非洲西南大西洋海岸延伸 2 100 公里;纳米布沙漠被艾塞布干河分成两个部分,南面是一片浩瀚的沙海,北面是多岩的砂石平原。

　　纳米布沙漠年均降雨量不足 25 毫米,有时甚至数年滴雨不下。只有大西洋的阵阵风暴,每次会给这片沙漠带来五六天的浓雾。想象中那该是一片荒凉的不毛之地,然而就在砂石平原上,却生长着一种神奇的植物——千岁兰。

　　作为纳米布沙漠上独有的植物,千岁兰的根一部分深深扎入砂石中,一部分裸露在地表上;它有一对皮革般的带状叶子,长的可达 3 米多;这种半似松树球果半似绿色花卉的植物,顶端还生长着如同枸杞一般的红果⋯⋯

　　在那酷热的沙漠戈壁中,干旱时常威胁着千岁兰的生命,因为缺水,千岁兰宽厚的叶片便会渐渐枯萎,看起来就像一堆破布条;炎炎烈日下,风沙还要不停地抽打千岁兰;荒凉的沙漠中,挺立的千岁兰还是动物们的美食……

如此恶劣的条件下,千岁兰的生命纵然不会短暂如昙花一现,大概也经不起岁月的几番轮回吧? 可事实却让人目瞪口呆——千岁兰的寿命竟然长达 2 000 年!

这是怎样神奇的植物? 干旱的日子里,肆虐的狂风中,千岁兰一任动物们吞噬自己的枝叶;而它自己所能做的,只是默默地忍耐、坚韧地等待,等待着雨水的降临。 无雨的季节,千岁兰伸展开长长的叶子,尽情吸纳雾气与露水,然后贮存起来,用来渡过生命中的难关……难怪著名植物学家韦尔威特希考察纳米布沙漠时,面对千岁兰感慨万千:"我坚信这是南部非洲热带生长的最美丽、最壮观、最崇高的植物,是非洲最不可理解的植物之一。"

沙漠上的千岁兰,让我们肃然起敬。 人类常常自诩为万物灵长,可我们何曾拥有过千岁兰一般柔韧而顽强的生命? 工作的挫折、生活的窘迫、情感的失意都能成为放弃自我的理由,而后日渐消沉下去……我们却忘了,在那个数年滴雨不见的沙漠里,千岁兰骄傲地挺立着,用茁壮的枝叶、用蓬勃的气势淋漓尽致地诠释着生命的美丽,最终成就了一段千古传奇。

一株植物尚且活得如此努力而顽强,我们还有什么理由去漠视自己? 面对千岁兰,除了竭尽全力让生命活得热烈、活得精彩,我们还能做什么?

(摘自《知音》2004 年第 4 期)

阅读点拨

　　文章描写千岁兰的外形及内在特征,赞美千岁兰,并且由物及人,揭示千岁兰给我们的启示。千岁兰作为纳米布沙漠独有的植物,能生长在不毛之地且寿命长达 2 000 年,被动物吞噬后仍顽强生长,还能吸纳、贮存雾气和露水。在惊叹它的神奇的同时,我们也会有所启示:学会在恶劣环境中生存,无论遇到什么困难,都不放弃自我。

鸟　谜

赵丽宏

前几年,常往山里跑,每次进山,总会遇到一些有意思的事情。那次在雁荡山,就有一次小小的奇遇。

我和几位同伴挑了一条少有人行走的野径游山,一路上常被一些藤藤蔓蔓挡住去路,得折腾一会才能继续朝前走。就在寻路的时候,同伴中的一位惊喜地喊起来:"看,好漂亮的鸟蛋!"几个人围上前去一瞧,都不由得惊叹了:3 颗滴溜滚圆的小鸟蛋,粲然夺目地躺在一堆枯草之中。鸟蛋的大小如同孩子们玩的玻璃弹子,颜色也奇特,天蓝色,隐隐约约有一些墨绿的斑点。如不是在深山枯草中发现它们,我们怎么也不会想到这是鸟蛋,谁说这些不是精巧别致的工艺品呢?3 颗鸟蛋被一位同伴小心翼翼地装进了口袋,于是大家重新上路。

同伴中的另一位,从小在山里长大,竟老是念念不忘这3 颗鸟蛋:"哎,我说,把这 3 颗蛋放回原处去吧。"

"为什么?"

"等一会儿,雌鸟会来找我们的。"

"哪有这种事情？你想象力太丰富了。"

"真的，不骗你们，小时候听山里的老人们说，捣了荒山野岭里的鸟蛋，鸟要找来报仇呢！"山里长大的同伴说得挺认真。可谁也不理会他的话，只觉得他可笑，年纪轻轻却满脑瓜子朽木疙瘩。

没走出 200 米，怪事就来了。一只白胸脯的灰褐色小鸟，从后面追了过来，绕着我们的头顶兜圈子，嘴里发出一种急促不安的啼唤。不多久，又飞来了第二只鸟，两只鸟一高一低，不停地绕着我们飞。

大家谁也没说一句话，都停住了脚步，呆呆地看着这一对奇怪的小鸟。它们越飞越低，有时甚至差点扑到脸上来。它们的叫声也越来越急促，似乎在愤愤地咒骂着什么。

大约站了 5 分钟，两只鸟丝毫没有放弃我们的样子，依然围着我们急急地飞，愤愤地叫。山里长大的同伴突然喊起来："还愣着干什么，快把蛋还给它们呀！"

拾蛋的同伴赶紧从口袋里掏出鸟蛋，慌里慌张地把它们搁到一块大石头上。然而，所有的人都傻了眼：3 颗鸟蛋全碎了，透明的蛋清在石头缝里无声无息地流淌着，天蓝色的蛋壳变成了一些碎片片……

两只鸟敛起翅膀，停落在那块大石头上。我们都紧张地注视着它们，不知它们将如何动作。两只鸟绕着碎了的鸟蛋蹦跳着，嘴里停止了啼鸣，似乎是既无惊愕，也无悲哀。大约过了两三分钟，它们停止了蹦跳，盯着脚边的碎蛋，面对面呆呆地站定了。依然听不见啼号，仿佛是一种默哀。可惜不懂鸟的表情，否则，大概能从它们呆瞪着的眼睛里发现伤心和绝望的。

重新上路时，心头似乎负着沉沉的歉疚。山里长大的那位同伴，脸色有些不自然，嘴里在低声嘀咕着："看吧，看吧，它们会找来的!"正说着，只听见头顶响起一阵尖厉的鸟鸣，是那两只鸟，果然又找来了，它们在我们的头顶盘旋了四五圈，便迅疾地飞去，消失在密密的丛林中。而它们的啼唤却在我们耳畔久久萦绕回旋，这一声高一声低地啼唤，听得让人揪心，我们不禁面面相觑。

那个下午是索然无味的。我们在荒草和乱石中转了半天，竟迷失了方向，辨不清东西南北：山中的风景名胜仿佛都躲着我们，所到之处，尽是野沟荒岭。一直到天黑下来，才找到一条出山的路。这时，几个人都是汗垢满身，狼狈不堪了。我们坐在路边的一棵樟树下，突然，头顶响起了鸟叫，又尖厉又悲哀，和山里那两只鸟一模一样，只是这叫声中似乎多了一种嘲讽的味道。等我们抬头寻觅时，只看见树叶簌簌动了几下，两个小小的黑影在幽暗的天幕中闪了一闪，然后便什么也没有了。

"瞧，它们报复了我们，让我们在山里白转了半天。"山里长大的那位同伴已经沉默了半天，此刻总结似地吐出这一句话来。

没有人赞同，也没有人反驳。也许，这只是一次巧合吧。我想，在大自然和生命之间，还有许多不为人类所知的奥秘，还有许多未解之谜，这大概是谁也不会否认的。

（选自《青年博览》2008 年第 1 期）

阅读点拨

作者通过一次与小鸟打交道的亲身经历，揭示了这样一个道理：只有顺应自然，尊重、爱护大自然的每一个生命，人类与大自然才能和谐相处，否则就会搬起石头砸自己的脚，被大自然所报复。

保 姆 蟒

沈石溪

这是一条罕见的大蟒蛇，粗如龙竹，长约 6 米，淡褐色的身体上环绕着一圈圈一条条不规则的深褐色的斑纹，这些斑纹越靠近尾巴颜色越深，是典型的西双版纳黑尾蟒；在下腹部，还有两条长约 12 厘米（三四寸）退化了的后肢；一张"国"字形的小方脸，一条菱形黑纹从鼻洞贯穿额顶伸向脊背；两只玻璃球似的蓝眼睛像井水似的清澈温柔，微微启开的大嘴里，吐出一条叉形的信子，红得像一片枫叶。整个形象并不给人一种凶恶的感觉，倒有几分温顺和慈祥。

天底下再没有比这条蟒蛇更称职的保姆了，它不分昼夜忠实地守候在我儿子的摇篮边。夏天蚊子奇多，但那条叉形的信子，像一台最灵敏的雷达跟踪仪，又像是效率极高的捕蚊器，摇篮周围只要一有飞蚊的嗡嗡声，它就会闪电般地朝空中窜去，那只倒霉的蚊子就从世界上消失了。自打我们请了保姆蟒，嘿，老鼠自觉搬家了，毒蛇、蝎子、野狗、山猫、豺狼也不敢窥视我家了。

一转眼，儿子开始学走路了，不用我们费心，保姆蟒自觉担当起教儿子学走路的角色。它弓起脖子，高度正好在儿子的小手摸得到的地方，像个活动扶手，随着儿子的行走速度，慢慢朝前蠕动；儿子走累了，随时可以伏在保姆蟒脖子上休息，这时候，保姆蟒便一动不动，像一根结实的栏杆。小孩子学走路，免不了会跌倒，保姆蟒似乎特别留心，注意少让儿子摔跤。每当儿子踉踉跄跄要跌倒时，它就会吱溜贴着地面窜过去，蛇头很巧妙地往上一耸，扶稳儿子；即使儿子仍摔倒了，它也像柔软的毡子，垫在儿子的身体底下，不让儿子摔疼。嘿，整个就是一架设计精良的学走路的机器。

儿子一点点长大，没想到，我们和保姆蟒之间渐渐产生了矛盾。

妻子喜欢将儿子紧紧搂在怀里，在他粉嫩的小脸上亲个够。每逢这个时候，保姆蟒就会竖起脖子，波浪似的摇晃蛇头，表现得异常痛苦。"去，去，快走开，我亲我自己的儿子，你痛苦个屁呀！"妻子朝保姆蟒跺脚挥手驱赶。但平时十分听话的保姆蟒这时候却桀骜不驯，嘴里呼呼吐着粗气，不但不离去，还在地上扭曲打滚，直到儿子离开妻子的怀抱，它才会安静下来。"它嫉妒我和儿子亲热，"妻子忧心忡忡地对我说，"它的目光阴沉沉的，完全是童话里巫婆的眼睛。"

一天晚上，儿子吃了好几块巧克力，临睡前我几次让他刷牙，他都装着没有听见。我撩起一巴掌，重重打在儿子屁股上，大声吼道："小鬼，你敢不听老子的话！"小儿无赖，躺在地上哭闹打滚。我更是火上加油，举着巴掌刚赶到儿子面前，保姆蟒冷不防从儿子身后蹿出来，瞪着眼，弓着脖子，拦住了我。我一怒之下，喝了一声"滚！"，飞起一脚朝蛇腹踢去，不幸的是，平时看起来行动很迟缓的保姆蟒，这时候却表现得十分灵活，身体朝左一闪，我踢了个空。蛇脖子像弓似的一弹，那只方方的蛇头就像一柄流星锤，击中我的胸口，我四仰八叉跌倒在地。儿子破涕为笑，拍着小手叫："打爸爸！打爸爸！"

保姆打主人，岂不是犯上作乱？我以后在儿子面前还有什么父亲的威信？我恼羞成怒，恨不得立刻掐断保姆蟒的脖子。

我气急败坏地爬起来，还没站稳，蛇头流星锤又"咚"的一声把我搡倒在地。不让我站起来，我就趴在地上不起来了，看你的蛇头流星锤还能奈何我！我匍匐前进，想迂回到墙角去拿扫把收拾保姆蟒，还没爬到墙角，可恶的保姆蟒"唰"的一声蹿过来，蛇头一钩，先把我的双臂连同身体一起缠住，然后蛇尾一撩，将我的双腿也绕住了。我还是第一次被大蛇纠缠，那滋味和被绳子五花大绑不大一样，皮肉并不觉得疼，只是胸口被勒得发闷，有一种缺氧喘不过气来的感觉，整个骨架似乎也要被勒散了。我大声叫唤咒骂，保姆蟒就是不松劲。渐渐地，我像得了急性肠胃炎，忍不住要上吐下泻了。妻子看我脸上像涂了层石灰似的发白，吓坏了，喝令儿子把保姆蟒拉开。小儿淘气，嚷嚷道："爸爸不打我，我就叫蟒蟒松开。"我无计可施，只好缴械投降："爸爸不打你了，爸爸错了……"儿子面露胜利的微笑，跑上来摸摸保姆蟒的头，保姆蟒立刻柔顺地松开了身体……

就在我动脑筋想把保姆蟒辞退的时候，我的知青生涯结束了。那天，我们收拾好行李，等保姆蟒从我们厨房的窗口滑进箐（qìng）沟去觅食时，逃也似的坐上寨子里的马车，扬长而去。

两个月后，我在街上遇见到允景洪来购买农药的召彰，他告诉我说，我们走后，保姆蟒咬着我儿子穿旧的一件小汗衫，待在我们废弃的那间茅草房里，喂什么它都不吃，召彰用笛声想把它引走，它也不走。半个月后，它活活饿死了，死的时候嘴里还咬着我儿子那件小汗衫。

（选自《宝牙母象》，湖南少年儿童出版社 2016 年版，有删改）

阅读点拨

　　故事紧张、刺激、生动、有趣,讲述了作者在西双版纳插队时,一条蟒蛇给他家当保姆,非常称职,和孩子建立了深厚的感情。这个故事告诉我们,如果人类不去招惹动物,动物也不会伤害人类,它们和人类一样有感情。我们一定要保护动物,和动物友好相处,成为朋友。

我 思 我 行

理解感悟

◆ 万物都渴望生命，万物都有灵性。万物之灵需要用心感应。以身殉情的螳螂、"爱"上鸡的狒狒、艰苦环境中顽强生长的千岁兰等等，在读了本单元文章之后你有什么感受呢？请选择其中一篇谈谈自己独特的体会和感悟。

◆ 《保姆蟒》的故事太让人感动了，如果你是文中那个被保姆蟒带大的孩子，对已经死去的"保姆"，你会做些什么？说些什么呢？

实践拓展

◆ 善待万物，人类生活的家园会更美好，生活会更幸福。读了《狒狒为何"爱"上鸡？》和《保姆蟒》后，开展一次"保护野生动物"的宣传实践活动。假如你是这次活动的倡议者，请写一则倡议书。

"热爱家乡，从保护鸟类做起"，读了《鸟谜》后，请对本地的一种常见鸟类开展实地考察，并写出你的考察报告。

《疯狂科学：昆虫》（王秉正　著）

这是一套面向青少年的科普读物，以神奇的自然及人文现象为切入点，较为全面系统地介绍了物理、考古、医学、气象、建筑、昆虫共 6 门学科的相关知识。 本分册主要介绍昆虫知识。 形容它是一本传统的关于昆虫的科普读物，却也不尽然。 它色彩鲜艳、语言生动，不仅囊括了丰富的科学知识，更是介绍了不少有趣的小实验，如制作简易蜂巢、观察屎壳郎幼虫的生活习性等；不仅将理论与实践相结合，寓教于乐，更是培养了小读者们的动手能力和创新能力，让学习不再是一件枯燥的事，读书更是乐趣多多。

第二单元

科技短波

现代科学技术正以前所未有的速度改变着世界的面貌，影响着人们的生活。C919顺利下线；人类已可以在NDA上储存各种形式的数码信息；飞机"不喝油"也能飞……日新月异的科学发现和技术发明，改变了人类对客观世界的认识，改变了人们的生产方式、生活方式和经济结构。

阅读时首先要弄懂文章的内容；其次要学习文章是怎样介绍这一科学知识的，用了哪些方法；还要注意体会说明语言的准确性和生动性。

走进 C919

王思磊

　　2015 年 11 月 2 日，国产 C919 大型客机首架机正式总装下线。C919 的命名颇具深意，"C"是"中国商飞"英文缩写"COMAC"的第一个字母，也代表"China"，还恰好与"空中客车（Airbus）"和"波音（Boeing）"的字头构成顺序排列。第一个"9"代表"长久"，后面的"19"则代表最大载客可达 190 人。C919 承载着中国人的"大飞机"梦想，它将在首飞和通过适航测试之后进入航线运营，填补航线上没有中国干线喷气客机的空白。

　　科研人员除了考虑大飞机的先进性和科学性外，还在努力提升飞机的经济性和安全性。飞机的耗油量与飞机的升阻比（升力和阻力的比值）有直接的关系，升阻比越高，飞机的气动效率越高，耗油量就越少。而飞机的升力主要来源于机翼，为了保证飞机的座级，避免"油老虎"的出现，在飞机机翼上动脑筋，便成了提高飞机气动效率的关键。

　　C919 的机翼设计运用了这一超临界翼型（一种高性能的跨音速翼型）。相对于古典翼型，超临界翼型可使巡航气动效率提高 20% 以上,巡航速度提高 100 多千米/小时;如果用同一厚度的标准来设计古典翼型和超临界翼型,超临界翼型的整体阻力比古典翼型要小 8% 左右,而这可以减轻飞机的结构重量,增大结构空间及燃油容积。

在 C919 飞机的设计上,超临界机翼与发动机、机身和吊挂之间还采用了性能更为优化的局部融合设计,这些设计进一步提高了 C919 飞机的经济性和安全性。

在中国武术界,有"内练一身气,外练筋骨皮"的说法。C919 大型客机的研发,也诠释了这一思想。在机体主结构上,设计人员大量使用了世界先进的第三代铝锂合金材料,这在国内尚属首次,使用铝锂合金可以实现结构减重并大大提高飞机寿命。

如武学人才内外兼修一样,C919 也在"内功"上狠下功夫。在民用飞机产业有个形象的说法:航电系统是"大脑",飞控系统是"四肢",EWIS 系统是"经络"。就像人一样,一架先进的飞机应该拥有聪敏的大脑、灵活的四肢和通畅的经络。

C919"最强大脑"航电系统的核心——IMA,使用的是目前国际先进的高度集成数据处理和网络传输技术。这种网络化数据处理方式,较之前一对一的数据传输处理方式是巨大的变革,提高了数据传输的处理效率。比如说,飞行速度、高度等数据，以前要由大气数据计算机分别建立通路，传输给显示系统、发动机、环境控制等系统，现在只需"把工作都交给网络"。这要归功于 C919 使用的目前国际先进的ARINC664 网络集成技术。C919 在数字化和扩展潜力方面，达到了目前民航先进机型的水平。

C919 已顺利下线，并将于 2016 年迎来首飞，这标志着中国已成为世界上少数几个有能力研制大型客机的国家。

（选自《知识就是力量》2016 年第 1 期，有删改）

阅读点拨

文章介绍了中国研制的 C919 国产大型客机具有经济性、安全性、先进性和科学性等性能。先总说在中国武术界有"内练一身气，外练筋骨皮"的说法，再具体生动地介绍飞机机体结构和飞机的航电系统。按照由总到分、由外到内的逻辑顺序安排，使文章条理更清晰。

DNA 数据

王佳蕾

　　"欢迎来到 DNA 数据保护中心！您现在正在档案馆里。"讲解员微笑着做了一个手势，示意我们可以仔细观察这间屋子。仅仅 30 多平方米的房间，储藏着全世界三分之一人口的所有数码信息，包括数千亿张家庭照片、音乐、文件和其他影像资料。

　　这个场景一点也不"科幻"，就像在"硬盘"上保存数据一样，人们已经知道怎么在 DNA 上保存数据了。2016 年 4 月，著名的好莱坞影视技术公司特艺集团的研发团队宣称自己已经在几段 DNA 上储存了 100 万份电影《月球旅行记》的拷贝。

　　特艺集团的成就并非创举。早在 2012 年和 2013 年，就有两个团队将一本 300 页的书、若干图像、一个 PDF 文件，甚至声音文件成功地储存在了 DNA 上。而这次新奇之处在于第一次成功地把视频资料储存到了 DNA 上，这也说明现在已经可以在 DNA 上存储一切数码信息。

　　如今，人类每天产生越来越多的信息，而储存它们变得越来越困难。在电脑和手机的时代,我们现在每年制造出来的数据要比人类有文字以来产生的数据总和还要多!预计从 2013 年到 2020 年,这一数据量将增加 11 倍,且这种趋势并无逆转迹象。根据专业数据储存公司易安信的计算,如果用内存为 128GB 的苹果 ipad Air 来储存这些数据,所需的 ipad Air 叠起来可以在地球到月球之间堆 6 摞。人类呼唤比现有储存系统更高效的新系统。

DNA 恰能满足以上需求,数十亿年来,它一直是生物遗传信息的载体。DNA 能将数量惊人的数据储存在极小的体积里,因此也是最高效的:在体积不到一只蚂蚁的百分之一的人类细胞核中,DNA 包含有 35 亿对碱基,而碱基是编码遗传信息最基本的材料。在硬盘上,信息以"字节"(0 或 1)形式记录,每个字节要占 200 纳米(0.000 2 毫米)的空间;而在 DNA 上,记录一个字节只需 0.2～0.3 纳米。

如今,Google、Facebook 和 Amazon 为了储存数据,需要多个面积数倍于标准足球场的数据中心的支持,而且这还很耗电;而用 DNA 这种新型载体,只需一个汽车后备厢大小的空间就能满足它们所有数据的储存需求。

那么,DNA 是如何去录视频的呢?特艺集团请来美国基因学家当顾问。他们首先将电影数码化,转化成电脑能识读的二进制语言,也就是转化成一系列 0 和 1 的编码。然后研究人员将这些二进制编码转化成由 4 个碱基（A、C、C、T）构成的 DNA 编码。得到这串编码后，就能制成相应的 DNA 序列，并在合成器（一组能自动拼接 A、C、C、T 的机器）的帮助下拷贝数千份。这样就获得了 DNA 片段，他们如同发丝一样漂浮在装有液体的玻璃容器里，每一份都包含着电影的一个片段。

DNA 储存的另一张王牌就是它的持久性。只要储藏空间保持寒冷干燥且避光，保存时效可能长达数千年，即使在恶劣环境中其半衰期也超过 500 年。现有的其他载体，无论是硬盘、CD 还是 DVD，最多只能保存数十年。并且，这些载体一旦过了保存期限，硬件就会更新换代，再也找不到能读取它们的机器了。但 DNA 储存就没有此类问题：只要有人类存在，就一定会有破译编码的技术。

不过 DNA 储存还无法立即取代硬盘。读取（排序），尤其是写入（合成）所需的时间还是太漫长了。不仅如此，这两个步骤目前耗资甚巨，合成成本可达数百至数千欧元。

但数十年后，或许 DNA 储存就会普及。对于没有迫切使用需求的信息，我们就可以考虑用 DNA 来储存。事实上，DNA 储存已经引起了电影公司、博物馆、档案馆，还有诸如 Amazon、Google 之类有长期信息储存需求的机构的兴趣。

信息技术巨头微软公司即于 2016 年 4 月宣布，将购买

1 000 万条 DNA，用于研究数据储存。这次，科学终于追上了科幻小说的步伐！

（选自《青年文摘》2017 年第 2 期，有删改）

阅读点拨

本文采用逻辑顺序从优越性、局限性、发展前景等几个方面介绍 DNA 储存技术的有关知识。DNA 储存与现有储存系统相比较，具有高效能和持久性这两大优点。如今，人类运用现有科学技术已经可以在 DNA 上储存一些数据信息。DNA 储存目前存在的问题是读取、写入所需的时间长，耗资巨大。但我们相信，数十年后，或许 DNA 储存就会普及。

骇人的"死光"之剑

张　楚

美国新墨西哥州白沙导弹试验中心，戒备森严。

试验场上，一门新式"大炮"格外引人注目，那"炮筒"很粗且很短，空洞洞地朝向天空。这时，一枚被当作标靶的远程导弹从天空呼啸而来，指挥人员立即下达发射命令："开火！"刹那间，"炮筒"里射出一束强光，一下子射中了疾飞的导弹。只听"轰隆"一声，导弹被摧毁了。这不是好莱坞在拍摄科幻电影。此后第三天，以色列国防部宣布，以色列与美国联合研制的"鹦鹉螺移动战术高能激光器"首次成功击落了远程导弹。这种"鹦鹉螺"激光器将在未来成为"爱国者"导弹的替代品，是反弹道导弹的又一利器。

"给我一个支点，我就可以撬动地球"，古希腊科学家阿基米德的这句名言至今仍被传颂。2 000多年前，他就成功地用"死光"击退了罗马舰队，从而被称为"激光武器之父"。

第二次世界大战期间，对于各种新奇武器有着独特偏好的希特勒，想要利用凸透镜聚光燃烧的原理制造杀人武器"太阳炮"。在希特勒的设想中，太阳炮利用凸透镜集中的阳光束能把敌机熔化掉。第二次世界大战后,美军虽然没有找到"太阳炮"设计图,但找到了设计计划书等档案,足以证明德国确实研制过"太阳炮"。

在1982年的英阿马岛战争中,英国人已经制造出了"激光炫目瞄准器",并投入了实战。一天,两架阿根廷军队的"超级军旗"式战斗机飞临英国军舰上空,准备投弹空袭。忽然,一道强光闪过,两名飞行员顿时感到眼前一片模糊,急忙拉起机头仓皇逃跑,勉强返回基地,保住了性命。

无论是阿基米德的反光镜、希特勒的太阳炮,还是英国人的炫目瞄准器,相对于正在秘密试验中的激光武器,都只能算是小儿科。即使美国和以色列联合研制的激光反导武器试验成功,这似乎也只是一个小小的信号。

自从1960年美国科学家成功研制出世界上第一台红宝石激光器以来,各个军事强国在激光武器领域展开了激烈的角逐。因为大家都知道,激光武器系统在未来战争中意味着什么。

与传统的防空和反导系统相比,激光武器具有一系列优势:快——光的速度是30万千米/秒,高能激光打击任何目标均无须计算射击提前量,可以即瞄即打即中;稳——激光武器不存在被干扰的缺陷,能在极为复杂的电磁环境中顺利地执行任务;静——激光武器射击时,无后挫力,无声响,能隐蔽地连续射击;省——激光武器的每次发射费用低廉,其成本仅相当于一枚"爱国者"导弹的三百分之一。

有些国家在研制大型高能激光武器的同时,也将激光技术延伸到了轻便枪械上。两年前,俄罗斯科学家已经成功研制了一种轻便式激光武器,取名"溪流"。这种小巧轻便的激光武器重量仅有 300 克,长度只有 15 厘米,外表就如普通的手电筒。"溪流"可以暂时将人击晕,但不会导致人失明或者死亡。

2002 年初,在车臣战争中,一名俄罗斯女记者被车臣非法武装绑架。俄罗斯军队动用了特种部队营救,但是当时被绑架的女记者全身被绑上了好几枚手榴弹,武装分子随时都可能撕票。于是,特种部队士兵便使用了这种轻便式激光武器。一名士兵在几百米外瞄准发射,刹那间便击晕了武装分子,埋伏在周围的特种部队立刻一拥而上,成功解救了这名女记者,并活捉了被击晕的武装分子。

如果激光武器真的在太空出现,那将会给人类带来极其可怕的后果。它就像一支隐蔽在太空中的"暗箭",地面上的目标毫无遮拦地裸露在它的视野中,它几乎可以在一瞬间打击任何一个地面目标。

激光武器是武器装备发展历程中继冷兵器、热兵器和核武器等之后又一个重要里程碑。今后,激光武器如果被部署在太空,人类的头顶上除了"核弹"的阴影,还将多一把"死光"的利剑,通往世界和平的道路将更加坎坷。

（选自《发明与创新》2009 年第 1 期）

阅读点拨

本文介绍了激光武器具有快速、灵活、精确和抗电磁干扰等优异性能,在光电对战、防空和战略防御中可发挥独特作用。另外,文章在介绍高科技的同时,也警示人类要远离战争,珍爱和平。

量子卫星通信

崔金泰

2016年8月16日，我国成功发射了世界上第一颗量子卫星——"墨子"号。它的成功发射，把量子实验从地面搬上太空，从而构建起一个天地一体化的量子保密通信和科学实验体系，这必将开创安全通信的新时代。

量子卫星之所以能保障通信安全可靠，是因为量子卫星让信息传递者和接受者交换令信息无法被破解的量子秘钥，而这个秘钥是利用量子的奇异特性实现的，它就是"量子纠缠"。

20世纪80年代初，法国科学家阿兰·阿斯佩首次用实验证实了"量子纠缠"现象的存在。这里所说的量子纠缠，是指在两个处于"纠缠态"的微观粒子中，无论它们相距多么远，若对其中一个的特性进行任何修改，那么就像孙悟空和其分身"心有灵犀"一样，都会立即在另一个粒子上出现反应并做出相应改变。利用这种特性产生的量子密钥，就可以保证任何外人都无法破解通信密码。因为量子密钥一旦被截获或被测试，其状态就会立即发生改变。有人对此用肥皂泡作了形象的比喻：如果有人尝试在信息传播中拦截，那就像碰到了肥皂泡，而肥皂泡一碰就会破灭。

那么，天地之间是如何进行量子通信的呢？具体来说，先将量子信号从地面发射并穿透大气层，卫星接收到量子信号并按需要将其转发到另一特定卫星，即量子卫星上；量子信号再从量子卫星上穿入大气层到达地球某个角落的指定接收地点。由于量子信号的携带者光子在外层空间传播时几乎没有损耗，如果在技术上能实现纠缠光子在穿入大气层后仍然保持其纠缠特性，那么就可在量子卫星帮助下实现全球化量子通信。

"墨子"号量子卫星通过使用信息加密技术，使其可以在相距数千千米的通信者之间分发量子密钥。这颗卫星开始是在北京和乌鲁木齐之间分发量子密钥，然后还计划向奥地利发送量子密钥。它的预定目标是，在两年内利用卫星建立一个可靠、不会被破解的通信网络，并为建立全球量子通信网络奠定基础。

在量子卫星未发射之前，我国多家企业已将量子密钥分发技术投入市场，并在银行之间或政府机构之间建立了这类网络。但是这些光纤网络只能在数十千米的距离内发挥作用，再远就不行了。因为在地面传输信息时，光子通过空气和光纤时会被分散和吸收，从而使网络的干扰性较大。

有了量子卫星后，由于光子在太空中传播几乎没有损耗，因而量子卫星开展的量子通信实验距离为 1 200 千米，远远超过了陆地上 300 千米的最远距离。

总之，量子卫星不仅是一种全新的加密通信手段，而且将成为新一代信息网络安全解决方案的关键技术和日益普及的电子服务的安全基石，成为构建未来信息社会的重要基础之一。

（选自《中学生阅读·初中版》2017 年第 7 期）

阅读点拨

本文从量子卫星成功发射的意义、量子卫星的通信原理及优势等方面介绍了我国成功发射的世界上第一颗量子卫星——"墨子"号。文章详细说明了量子通信的特点，语言朴素自然、平实客观、形象生动。

中国助力"人造太阳"早日发光

彭训文

通过模仿太阳的热核聚变反应，中外科学家们正在建造人类首颗"人造太阳"。"人造太阳"计划，由欧盟、中国、美国等七大经济体联合打造，已历经 30 余年，预计 2019 年建成，2050 年投入商用。

2016 年 4 月底，中国承担生产和设计的首个超大部件——脉冲高压变电站（PPEN）首台主变压器，已运往"人造太阳"设施的建造地法国。随着各类设施逐渐完工，人类离建成首个"人造太阳"的目标越来越近。

为什么要制造"人造太阳"？这和人类长久以来的能源危机有关。现代以来，随着人口增加、工业发展，人类对煤、石油、天然气等化石能源的消耗速度越来越快。据测算，人类最多还能用两三百年的自然能源，即使核能也只能用数百年。

此外，像煤、石油这些能源的燃烧还会引发温室效应、酸雨等，对环境造成严重破坏；核电站或核能发电厂的能量来源是核裂变（能量产生过程与核聚变相反），所需原料稀有，产生的废料也无法安全处理,还可能产生核泄漏。

不仅我们这一代,我们的子孙将从哪里弄这么多能源呢?科学家们带着这个令人惊恐的问题,把目光投向了核聚变。天空中的太阳就是一个巨大的聚变体,几十亿年来为人类提供了光和热。那太阳是怎么做到的呢?

简单来说,当两个质量较轻的原子核聚合为一个较重的新原子核时,大量电子和中子能够逃离原子核的束缚,带来巨大能量。在自然界中,最容易实现的聚变反应是氢的同位素——氘和氚的聚变。据测算,1 千克氢燃料经过聚变反应所产生的能量,至少可以抵得上 4 千克铀燃料或 1 000 万千克优质煤燃料释放的能量。

要提取它们,方法十分简便,成本也很低。我们从海水里舀 1 升水,其中就含有 0.03 克氘,它可以产出约 300 公升汽油这么多的能量。地球上的海水能提取 45 万亿吨氘,如果它们都实现聚变反应的话,能保证人类上百亿年的能源消耗。

而且核聚变非常干净,因为聚变就是把两个氢核放在一起,当温度到了上亿摄氏度以后,它们就会聚合在一起。除了产出能量外,其余产出的氦是一种清洁无害的元素。

……

苏联科学家们设计了一种名为托卡马克的环形容器。首先让混合了氘、氚的气体悬浮在一个像面包圈一样的环中，然后不断加热，等达到了上亿摄氏度以后它就产生核聚变，并输出大部分能量。

按照设计，"人造太阳"计划的反应堆设施总重量是埃菲尔铁塔的3倍，占地面积有60个足球场加起来那么大。这个反应堆建成后，能够把上亿摄氏度，由氘、氚组成的"火球"约束在体积达837立方米的"面包圈"中，产生50万千瓦的聚变功率，持续时间达500秒。50万千瓦热功率已经相当于一个小型热电站的水平。

截至目前，中国科学家已经攻克了采购包任务中遇到的所有技术难关。该计划的两任总干事对中方的评价是"中国在采购包的研发、生产方面领先于各方"。

（选自《人民日报·海外版》2016年5月7日，有删节）

阅读点拨

本文首先说明了科学家制造"人造太阳"的计划及原因，然后介绍了"人造太阳"清洁无害、能量巨大、燃料蕴藏丰富等特点，结尾引用"人造太阳"计划两任总干事的权威评价，回扣了文章的标题，强调了中国在该计划中的突出贡献。

飞机"不喝油"也能飞

王　远

　　"阳光动力 2 号"正在进行为期 5 个月的环球之旅。这架全球最大的太阳能飞机自 3 月初在阿联酋首都阿布扎比启航以来，吸引了世界关注的目光。

　　这架"不喝油"的飞机完全由太阳能提供动力，零燃料消耗。它拥有 72 米宽的翼展，比波音 747 飞机多出了近 4 米，重量只有 2.3 吨，仅相当于一辆运动型多用途汽车的重量。这架太阳能飞机的"动力之源"是机身上的 1.7 万多块太阳能电池，这也是"阳光动力 2 号"的最大亮点所在。这些太阳能电池直接平铺在巨大的机翼上，每一块电池板的厚度是 135 微米，仅相当于人类发丝的宽度，由其储存的电量可供"阳光动力 2 号"昼夜飞行，不需要一滴燃油。

　　人类利用太阳能的历史由来已久，但将其作为一种能源和动力加以利用却仅有 300 年历史。1974 年，第一架太阳能飞机"太阳高升"号进行了一次短暂飞行，首次实现了用太阳能给飞机提供动力的梦想。此后 40 余年间，各种太阳能飞机不断出现，但始终没有同时满足使用太阳能动力做载人、昼夜、长距离的飞行，"阳光动力2号"的出现，可谓刷新了人类飞行史上的纪录。

光电转换是人类对太阳能的利用形式之一。它的基本原理是利用光生伏特效应，将太阳辐射能直接转换为电能。它的基本装置是太阳能电池，"阳光动力2号"的动力即来源于太阳能光伏发电。对太阳能电池而言，最重要的参数是光电转换效率。目前，太阳能光伏电池的转换效率大约在30％，通常需要采用并联与电池储存方式，才能达到增强续航里程和功率的效果。

"阳光动力2号"环球之旅的象征意义远大于商业价值。这架太阳能飞机从理念的萌发到由图纸变为现实，历经了12年时间。飞行总监雷德·克拉克认为，相比搭载乘客的普通飞机，它有着更艰巨的使命，那就是向世人传播"未来可以属于清洁技术和可再生能源"的信心和理念。放眼未来，这场长达3.5万公里的环球之旅恐怕还只是人类开辟未来探险的一小步，"光之翼"的无限潜能，昭示着清洁能源的美好明天。

（选自《人民日报》2015年4月8日）

阅读点拨

　　文章介绍了"阳光动力 2 号"飞机引起世界关注的三个理由，告诉我们：一切不可能的事情正有待实现，清洁能源的发展前景美好。

我 思 我 行

理解感悟

◆ 现代科学技术的发展，使人们的诸多愿望逐步变成现实，让人们的生活跳动着科技的音符。 如 C919 顺利下线、DNA 储存、"阳光功力 2 号"、环球之旅等等，读了本单元，你获得了怎样的启示？

◆ 墨子是枣庄的古代名人，根据你对墨子的了解，简单谈谈我国第一颗量子卫星以"墨子"号来命名的用意？

实践拓展

◆ 感受科技之光，激发科学的兴趣。 班级计划组织"科技就在身边"的主题班会，请你设计活动方案。

◆ 班级计划组织"科海泛舟"的综合性学习活动，请推荐一本你最喜爱的科普书并写出推荐理由。

阅读延伸

《神奇的电子世界》（尘土　编）

　　本书全面、系统、及时、准确地介绍了当前的科学技术和未来发展，融技术性、知识性和趣味性于一体，向广大青少年展示了一个丰富多彩的科学天地，把复杂的科学知识用简明、通俗的语言加以描述或说明，深入浅出，同时配有大量与正文匹配的图片或示意图，让版面更活泼、阅读更有趣、学习更轻松。

第三单元

探秘自然

　　亘古永恒的自然界演绎着如梦如歌的天地玄妙，充满着神奇的千古谜团。神奇的大自然让人们如痴如醉，并促使人们一次又一次地发问：人类从哪里来？为什么生活中伴随着许多奇妙的现象？了解又冷又干燥的南极吧，你可知它的风景也很独特？听过和谐的音乐吧，你可知它也是植物的最爱？大自然无数的奥秘等着我们去探索，去解读，去发现。

　　来，背起智慧的行囊，迈开求知的步伐，睁大好奇的双眼，去辨析天地之真，探寻万象之理。

植物爱听和谐的音乐

乔 娟

　　一群喜欢户外运动的青年男女,在西双版纳勐腊县的一处原始森林发现了一种会跳舞的树。当时,他们长途跋涉,人困马乏,有人提议就地歇息。一个活泼好动的年轻人拿出随身携带的收音机,播放了一曲轻松舒缓的乐曲。这时,奇怪的一幕出现了:只见旁边的两棵小树随着乐曲晃起身子来,滑稽可爱,随行的人全被它们逗乐了。大家忘记了疲劳,跑过来欣赏小树跳舞。有人提议:"换一首曲子,换一首曲子。"又有人喊:"换快节奏的。"于是,收音机的主人调了频道,换了一曲激烈的摇滚乐。奇怪的是,刚才还在摇头摆尾的小树突然停止不动了,像是被突然吓着了似的,静静地呆立着。这是怎么回事呢? 是不是它只会跳优美的舞蹈,不会跳强劲的舞蹈呢? 于是,年轻人又调回刚才的频道,小树听了这优美的曲调,又开始摇头摆尾。所有人都惊呆了,他们得出一致结论:小树喜欢轻柔、温和的曲子,不喜欢节奏强烈的乐曲。

　　事实真是这样,小树的确是只爱听舒缓的音乐,激烈亢奋的曲调只会让它进入睡眠状态。法国农科院的一位专家为了验证植物的音乐细胞究竟有多浓,异想天开地把崭新的耳机套在一棵番茄上,每天定时播放 3 个小时的音乐。数周后,奇迹出现了,这棵番茄长势强劲,比周围任何番茄结的果实都多,而且个头儿也大,每个果实平均重达两斤以上。

　　还有一位科学家,每天下班后都喜欢在自家花园里拉上一段优美的小提琴曲。打理花园的妻子惊喜地发现,濒临死亡的雏菊又重新绽放出生机。不仅如此,音乐就像兴奋剂,那些平常蔫头耷脑的花儿们听了音乐,一朵朵开得热烈而灿烂。后来,她的科学家丈夫翻阅资料才明白,这是小提琴的功劳。那些花儿,正是因为听了优美的音乐才焕发了生机。它们的叶子绿得茁壮而卖力,花儿开得鲜艳而硕大,这让科学家欣喜万分。凭着职业的敏感,这位科学家开始思索,既然花儿这么热爱音乐,庄稼会不会也是如此呢? 他开始有意识地在稻田里播放音乐。他每天上午准时来到稻田,给水稻们播放半个小时的轻柔乐曲。一个月后,这片田里的水稻比正常生长的水稻要高出 30 多厘米,也就是说,是音乐代替了化肥使它们长得又高又壮。

　　草本植物既没有听觉器官,又不具备听力系统,为什么它们接触了音乐,会产生如此大的变化呢?

音乐，说白了是一种持续声波。在优美、轻快声波的反复刺激下，植物体内的物质分子会发生共振，那些处于休眠状态的分子，随着音乐节奏被悄悄激活，开始运动。正是这一过程促进了新陈代谢，加快了细胞分裂，大大地促进了它们的生长发育。如果适当地对植物播放音乐，它们就会不断地进行代谢和分裂，从而达到快速生长的目的。不过，一定要选择那些和谐美好、悠扬柔和的音乐来播放。因为植物听了节奏强烈的打击乐和摇滚乐，不但不会长势旺盛，还容易暴病而亡。这可绝不是闹着玩的。别看它们不会说、不会表达，但它们绝对懂得：什么是好的，什么是不好的。

（选自《中华活页文选》2013 年第 5 期）

阅读点拨

本文采用了从发现生活现象到探究事物本质的逻辑顺序。开头运用生动的事例引出本文的说明内容，激发了读者的阅读兴趣，中间巧妙运用过渡段，使得文章衔接自然。写法上综合运用说明、记叙、描写等表达方式，生动形象地说明了植物爱听和谐音乐的道理，让人读了兴趣盎然。

太平洋的水，快开了

孙智正

地球变得好热，你感受到了吗？我们的感受一定没有它们明显：喜马拉雅山的雪峰、南极洲和格陵兰岛的冰层、马尔代夫的小岛、太平洋的海水，等等。它们虽然不是血肉之躯，也没有神经系统，但在地球变热这件事情上面，比我们敏感多了。

人非草木，但有时又心如木石，确实比一株草、一根木头还要麻木啊。地球正在变成一间太阳能供热的天然超级桑拿房，有些人没感觉到，有些人感觉到了也不在意，有些人觉得反正我们这一代还蒸不死……

地球的温度升高，是一点一点来的。地球有的是时间，10 年不够 100 年，100 年不够 1 000 年。就像温水煮青蛙，如果让人类自己烧一锅水，然后跳进去，自己把自己"煮死"，谁也不愿意。但如果温度一点点升高，人类就会被煮得无知无觉，甚至还很舒服。

地球像一个蒸笼，也像一个瓮，人类自己造了个瓮，然后请自己跳进去。这听上去有点奇怪，人类会这么傻吗？但事实证明,好像真有哎⋯⋯

我们可以想象一下,有一天地球真的打算"小宇宙爆发",想当一颗小太阳,当然这是在人类煽风点火下的结果,然后就:先是湖啊池子啊河啊这些先烧开了,接着里海、死海这些内海烧开了,然后是渤海、地中海,这些小一点的、没有被陆地完全围死的海烧开了,东海、加勒比海这些和大陆架还搭点边的跟着烧开了,印度洋、大西洋这些稍小一点的大洋也开了,接着是好大好大的太平洋,最后是本来结着好些冰的北冰洋!

整个地球上的水都沸腾了,这是何等的壮观啊! 首先是水里的鱼啊鳖啊全煮熟了,加些森林草地进去当蔬菜,真是一盆超级大火锅! 你看,欧亚大陆、非洲大陆、南北美洲、澳大利亚、南极洲这些食物硬块在锅里翻腾,人类就像挤得密密麻麻的蚂蚁,没命地往已经变成食物的大陆高处逃窜,但是热汤迟早要醍醐灌顶⋯⋯火锅里的蚂蚁比热锅上的蚂蚁更惨!

此时整个地球,在绕着太阳旋转的过程中,在空寂冷漠的宇宙中留下了一连串热腾腾的"碳足迹"。人类加温了地球,又通过地球间接加温宇宙,如果那时,人类早已有能力逃离地球,遍布宇宙各个角落,那么他们会不会像加温了地球一样,加温整个宇宙?

很恐怖！天上的事扯大了，还是回到地上吧。

为了不让太平洋的水真的烧开，需要人类的头脑不发烧，依靠科技的发展，也靠思想意识的进步。如果人类愿意改变无节制的生活和生产方式，多为自然和其他生物考虑，把地球真正当作一颗蔚蓝的水球对待，那么，地球就能退烧。

（选自《中国少年文摘》2010 年第 6 期）

阅读点拨

"太平洋的水，快开了"这不是一句危言耸听的话语，如果人类不引起足够重视，这一现象就会出现。文章善于运用比喻的修辞手法和大胆的想象，化抽象为具体，生动地说明事理。同时文章也警示人们要保护环境，走可持续发展之路，构建绿色文明。

候鸟的迁徙

余 夫

　　每年春天和秋天,人类会惊奇地仰望着天上那些成群结队、遮天蔽日而又神秘莫测的旅客——候鸟。经过亿万年的自然进化,候鸟形成了每年在繁殖地与越冬地之间沿相对固定的路线往返迁徙的独特习性。全世界 9 000 多种鸟类中,超过三分之一的鸟都是候鸟,每年迁徙的候鸟数量可达 100 亿只以上。

　　同一季节,随着纬度的改变,气温会产生梯度性的变化,特别是北半球的大块土地在冬季被冰雪封盖,欧亚大陆和北美洲的许多鸟类不得不越过赤道,飞到南半球越冬。正因为这个原因,大多数候鸟的迁徙路线都呈南北方向,在北半球尤其明显。

　　人们用多种方法观测候鸟的飞行路线,如望远镜观察、雷达探测、给鸟涂颜料和上环志等,其中被世界各国普遍采用的是环志法。环志法是将金属或塑料做成脚环(或颈环、翅环),刻上环志国家、单位和编码,将环固定在候鸟的腿部(或其他部位),做好记录后将鸟放飞,期望通过再次观测到它或回收脚环,这样能更好地了解被环志的鸟儿迁徙的时间、路线等数据。随着卫星应用技术的发展,科学家也在探索在大型候鸟身上安装小型无线电信号发射器,通过定向接收机接收信号来观测候鸟的行踪。

经过长期监测,鸟类学家认为全世界候鸟的迁徙路线主要有以下几条:东亚—澳大利亚、中亚—印度、西亚—东非、黑海—地中海、大西洋—美洲、密西西比—美洲,以及太平洋—美洲。这些迁徙路线就如一条条"高速公路",任由鸟儿们飞来飞去,前往各自的目的地。

在迁徙的过程中,鸟类展示了非凡的智慧。硫黄鹂是美国东部随处可见的一种鸣禽,每年秋季,它们都会飞行3 800千米,到达越冬地——墨西哥南部、巴拿马等地。让人惊奇的是,它们是以星星为标记进行迁徙的。具体用来判断方位的是北极星中心约35°以内的北方天空,也就是说,在这个区域的大熊座、小熊座、天龙座、仙女座、仙后座等都是它们的路标,其卓越的导航本领让科学家们惊叹不已。白颊林莺,从加拿大迁往南美洲时需要面对飞行路线的选择:如果沿着美国海岸南下,经墨西哥、中美洲再到南美洲,就会减少死亡的可能,但路途遥远。然而,这些小鸟的选择是直接勇敢地飞越大西洋,并有规律地停留在大西洋和加勒比海的某些岛屿上休息。另外,白颊林莺还会选择好的天气和合适的风向,以使旅途更舒适,真是有勇有谋。

对候鸟来说,迁徙并不像人们想象的那样有乐趣。它们在迁徙途中要遇到许多想象不到的困难:飞过大洋、翻越高山、穿越云层、迎接暴风雨、遭遇天敌,还有被人类捕食的危险……比如从英国出发的家燕,首先飞越英吉利海峡,穿过法国的比利牛斯山脉,跨过地中海,途经撒哈拉沙漠,再抗击热带风暴的袭击,抵达刚果的雨林,最后到达南非。经过超过 10 000 千米、长达 4 个月的旅程,只有大约一半的成年个体能够存活下来。这是多么悲壮的旅程啊!

迁徙无疑是候鸟生活中最大的"冒险事业",每年都会有无数的候鸟永远无法到达它们的目的地。但是,它们仍然会沿着一定的路线,春来秋往,从不失信。迁徙对候鸟来说,是使命,是责任,也是一种承诺。

（选自《百科知识》2017 年第 10 期,有改动）

阅读点拨

文章从候鸟迁徙的原因、路线、智慧、困难等方面依次介绍了候鸟迁徙的知识,具体、真切、形象地说明候鸟在迁徙途中要遭遇许多困难。文章字里行间渗透着对候鸟在迁徙中表现出来的勇气,以及守信责任的肯定和赞美之情。

极 之 风 景

何　全

　　南极的自然条件太特殊：这里极度严寒，年平均气温零下 25℃；内陆地区甚至达到零下 60℃，比北极冷很多；这里又很干燥，空气湿度堪比撒哈拉沙漠；这里常常狂风肆虐，有地球上少见的 12 级以上大风，最怕的是"白化天气"——大风卷起地表的雪粒，遮天蔽日，能见度只有几米，人完全不能在户外活动，会被大风吹走，穿得再多也会飞速失温；这里还有长达半年的黑夜和太阳总是低垂的白天……在这片不适宜人类生活的大陆上工作，南极科考队员们要经受非凡的艰险，却也能看到常人无缘得见的瑰丽风景。

　　南极大冰盖极其特殊，它虽然集中了全球 70% 的淡水，但是严苛的自然条件却拒绝了几乎所有生物，更吞噬过不少勇敢的人类生命。迄今为止，虽然南极已经有 70 多个科学考察站，但位于内陆冰盖之上的，也不过寥寥数个。冰盖雪原总体看似平坦，实际上地表却很崎岖，冰雪被风吹出各种奇特的造型。

　　大冰盖之上放眼四望，白茫茫的一片：有时 360°都是平直地平线;有时又一个坡连着一个坡,高高低低,让人晕头转向。脚下的冰雪,有时坑坑洼洼却硬似铁石,雪地车一小时只能走三五千米;有时平整光滑却格外松软,人走过去,突然塌下一片,露出下面无底的蓝色冰洞……

南极大陆四面环海,科学家通常把南纬60°以上、环绕南极的海域称为"南大洋"或"南极海",国际学界往往也把它视为第五大洋,与太平洋、北冰洋、印度洋和大西洋并列。南大洋贯通南极一圈,影响大气环流,导致南极地区比北极更冷。每年冬天,南大洋有上千万平方千米的海域冰封,让南极洲的冰雪面积比夏天增加一倍之多。从中国极地科考船"雪龙"号的甲板望向前方,如同一片白茫茫的冰原,看不出半点海水的痕迹。虽然前方是海,但是科考船并不能乘风破浪。

即使在夏季,海里依然有大量的冰,足够高大的被称为"冰山"。人类记录过的最大冰山,宽40千米、长350千米,相当于半个海南岛。在南极海域,冰山和岛屿远看还真是不好分辨。冰山虽然硕大无比,却能快速移动。南极考察队员们有时会发现,昨天还阻住前路的冰山,一宿大风之后就漂走了,让人怀疑是不是神仙帮忙搬运的。

除了大冰山,南极有时还会形成奇特的荷叶状浮冰。形成这种冰,一般都需要水面比较平静,同时气温又非常低。一片片白色的浮冰如浮萍般漂在海面上,因为相互摩擦,冰块失去菱角，又因低温继续凝结，最后形成椭圆、近似薄饼的形状，被称为"荷叶冰"。从"雪龙"号上拍摄的海面看，这是南极海面开始结冰的状态，很多小而薄的冰片浮在海水表层。除了南极之外，其他地方非常罕见。海冰没少给南极考察添麻烦，科考船难保会被浮冰困住。有时大块海冰在融化过程中，因重心变化而"翻身"，激起的巨浪可以掀翻任何船只。

地球每次出现极光，都是南北两极同时发生的。不过看极光，大多数人都是在北极，见过南极极光的人很少。因为即使有幸踏足南极，大多数人也都是在夏季，极昼天始终亮着，有极光也看不见。而冬季天黑有利于看极光，却少有人驻留了。

我国南极科考站中，中山站和长城站都是有越冬队员驻守的全年站，纬度更高的中山站是观赏极光的好地方。欣赏绚丽的极光，是对南极越冬队员的特殊奖励。

（选自《博物》2016 年第 11 期，有改动）

阅读点拨

本文是从冰盖、海冰、极光等几个方面来说明南极风景很特别的。综合运用多种说明方法，介绍海冰特征。文章语言准确、严密，如"形成这种冰，一般都需要水面比较平静，同时气温又非常低"等。

能喷冰的"火山"

叶青青

随着一声巨响，土地猛烈震动了起来。阿胡那火山开始喷射了。这个庞然大物高约 4 千米，底部直径 30 千米左右，大小相当于半座珠穆朗玛峰。这次的突然爆发，地动山摇，构成山体的冰块与岩石大面积滚落。

然而，仔细观察，你就会发现奇妙之处：阿胡那火山喷出的不是赤红的岩浆，竟是白色的冰岩浆，这种含冰、水、氨、甲烷和氯化物的混合物，被强大的推力射向高空，形成数百米乃至数万米的白色喷流。当落到地表时，冰岩浆呈液态四下流淌，随后，因为暴露在温度较低的环境中而凝结成固体。

然而，我们知道，地球上的火山都是喷出岩浆的，为什么这座火山这么与众不同，能喷出冰呢？

原因就是这座火山不属于地球，而是矮行星谷神星上唯一一座圆顶形状的冰火山。

冰火山是一种在地球上找不到、但在我们太阳系的其他行星上存在的地貌类型，它们通常出现在冰冻卫星或者其他一些表面温度低于零下150℃的天体上。在形态上,冰火山与在地球上的火山类似,它们从地表凸起,顶端有一个巨大的凹陷口,当喷发时,会排放出四处流淌的液体。关键性的差别是地球火山主要由岩石和重金属组成,冰火山主要由坚固的冰壳构成,冰火山的岩浆也是冰冻沉积物,所以,在喷发时,会出现大量冰块被喷出的奇观。

我们知道,地球火山喷发是因为密度和压力差造成的。当岩浆温度比周围的岩石更高时,密度就会更低,这种压力差会使得岩浆做上升运动。当岩浆上升时,岩浆释放的气体会形成气泡,气泡会释放大量的压力,这一压力使岩浆喷出地表。

那么,冰火山是如何喷发的呢?

冰火山的喷发原理和地球火山相似。由于内部放射性元素衰变,导致热能聚集;或由于潮汐摩擦而生热,致使深部的冰层熔融。如果这时上部的冰层破裂,深部融化了的冰水就像地球内部的岩浆一样,在周围压力的挤迫下,沿裂缝喷发出来,这就是奇特的冰火山爆发的过程。而如果冰岩浆跟周围的环境温度相差不大,冰火山就会处于休眠状态,甚至成为死火山。

不过,虽然冰火山名字听上去似乎是火山的一种类型,喷发过程又跟地球火山类似,但严格意义上说,它只是与地球火山相似的地貌，并不是真正的火山。

（选自《大科技》2017 年第 5 期）

阅读点拨

　　本文是一篇事理说明文，作者首先描写阿胡那火山喷发时"地动山摇"的情景，生动形象地交代说明对象，激发读者阅读兴趣，然后从冰火山喷发原理和喷发情形展开详细介绍。文章结构紧凑，衔接自然，得力于作者巧妙使用设问句进行过渡。

地球每天都在变

黄德揆

　　你可知道，地球像个生命体，每天都在发生着惊人的变化？

　　个子在长大。最近德国地质学家雅各布教授发表了一份研究调查报告。他在报告中指出：实际上，地球现阶段虽然已有 50 亿岁，但它还是个血气方刚、风华正茂的"小伙子"，而且尚处于青春发育期，每天都在不断地"茁壮成长"。导致地球长大的最主要的原因可追溯到千亿年前，那时覆盖在地球表面的花岗岩层受地球内部岩浆运动作用而发生变化，最终使地壳上的花岗岩层分裂成七块漂移的大陆，即七大洲诞生。由于地壳分裂，地球内部炽热的岩浆很容易喷涌到地面，地表因此扩张，地球体积也因此而膨胀，这些扩张和膨胀从那时到现在一直都未停止过。此外，每天都有大批的"不速之客"闯入地球，不断给地球的质量加上新的砝码，它们就是来自外太空的流星陨石和宇宙尘埃。累积起来，今天的地球比起 2 亿年前增长了 1.6 倍，相当于重新增加了一个半的地球。

身体在发胖。人们习惯上把地球的赤道当作它的"腰围"。近几年来,地球变得大腹便便起来。因为从 20 世纪 60 年代开始,地球南北极冰川大量融化。而进入 20 世纪 90 年代后,那里的冰川融化速度更快,年平均速度达到 100 立方千米;地球两极的冰川融化,带动了太平洋、印度洋南部水体向低纬度的赤道附近转移,从而引起地球重力场分布变化。地球质量将以这一新模式重新分布,结果使赤道直径变长,使地球的扁率增大——形象地说,也就是腰围变粗,显得大腹便便了。

面目变晦暗。前些日子,有关部门公布的一份数据资料显示,由于大气污染越来越严重,到达地面的太阳光也随之变得越来越少,以至于近 50 年来太阳投射到地球上的日光,不再像过去岁月那样"热烈、开朗",而是越来越暗淡了。大气污染主要是通过两种方式影响日照:一是污染物颗粒将阳光反射回太空;二是影响气候,使空气中云雾量增加,减少了阳光抵达地表的总量。地球变得越来越暗,将导致地球的温度越来越低,这对于许多动物和植物的生长都是十分不利的。

体温在增高。地球变暗引起了人们对地球可能因此会越来越寒冷的忧虑,但是,使人稍感欣慰的是,地球变暗反过来又延缓了地球自身变暖的进程,使人们的另一种担心——

地球的温室效应,不会在短期内加剧。美国科学家用电脑模拟出未来 50 年的全球气温变化趋势,认为人类排放的温室气体现象若得不到遏制,在未来的半个世纪,全球气温可能升高 1~2℃。如果全球二氧化碳的排放量控制在一定范围内,全球变暖的上升势头可能得到扼制。

生命场在减弱。值得忧虑的是,地球虽然还处于青壮年时期,但它的生命场已经有了衰退的迹象,这种生命场便是地球磁场。地球自诞生以来,磁场强度一直处在细微变化中。最近 300 年来,地球磁场就减弱了 10%。如今,这种衰减还在增大。地球磁场以这种速率减弱,是否意味着它在不太遥远的未来可能消失,然后引起地球磁极大颠倒呢? 这是非常可能发生的事情,因为通过对磁石等岩石的分析可知,实际上地球南北磁极已颠倒过多次,一般是 10 万~20 万年发生一次磁极大颠倒。

地球磁场一直在衰减,它使进入地球的宇宙射线强度增大,所以对地球生命、航天器的威胁也在增大。磁场的衰减导致保卫地球的屏障有所削弱,所以,人造近地地球卫星被宇宙射线击中的事件,90% 都发生在地球两极附近地区的上空。要是弱到使地球磁极发生翻转,那将引起一场空前的浩劫,整个地球都将毫无遮挡地暴露在太阳高能粒子和致命的宇宙辐射轰击之下。历史上一些原因不明的物种大灭绝,都可能与地球磁场翻转有关。

（选自《大科技》2005 年第 3 期）

阅读点拨

作者运用比喻、拟人的手法深入浅出地将枯燥、不易讲明白的地球变化呈现在读者面前。文章条理清晰，从地球的质量和体积、大气污染、气候变暖，到地球的磁场和生命场，既介绍了地球风华正茂的一面，也指出了地球面临的"灾难性"问题，发人深思。

我 思 我 行

理解感悟

- 读了《植物爱听和谐的音乐》一文后，你认为《绿岛小夜曲》《黄河大合唱》《小苹果》和《最炫民族风》这几首乐曲中，最能促进植物生长的是哪一首？

- 人是自然界中的一员，在自然界中扮演着重要的角色。人类的行为不仅影响着人类自己，还影响着大自然。阅读《候鸟的迁徙》后，请联系生活，谈谈你觉得人类应该怎样对待鸟类。

实践拓展

- 读了《极之风景》一文，你是否有了到南极采风去的想法？请在互联网上搜索南极的图片，办一期黑板报，宣传南极。

◆ 大自然不是缺少美，而是缺少发现。 探秘自然，其乐无穷。 选定一种常见而且你感兴趣的昆虫仔细观察，写下自己的观察记录。

阅读延伸

◆ **《三个孩子探北极》**（位梦华 著）

作者以北极因纽特人的生活为背景，通过三个不同种族的孩子在北极的生活与友谊，为我们展示了一幅神秘而又情趣盎然的因纽特人的生活画卷。 其中独特的北极风光、捕鲸的艰辛、分鲸的快乐、遭遇北极熊的凶险以及在北极过感恩节和圣诞节的生活场景，无不让我们大开眼界。 作品内容丰富，故事生动惊险，语言简洁明快，是一本难得的带有浓厚纪实色彩的长篇小说。

第四单元

物语哲思

　　一花一世界，一叶一菩提。万事万物是普遍联系的，一个小小的变化就会带来全局的输赢。科技发展，究竟带来的是人类的进步还是退步？这一切怎能不让人深思。人类为满足自身的需要，不断改造环境，环境反过来又影响着人类生存。

　　来，让我们一同欣赏这曼妙无比的世界，一起聆听睿智的物语哲思。

从蝴蝶效应到人工智能

李二友　杨艳梅

　　控制论的创始人维纳说:"钉子缺,蹄铁卸;蹄铁卸,战马蹶;战马蹶,骑士绝;骑士绝,战事折;战事折,国家灭。"这体现出马蹄铁上丢失的一枚小小的铁钉最终导致了一个帝国的灭亡。在我国,古人也普遍认为一个微小的改变就会对未来产生很大影响。战国末期著名思想家韩非子说过:"千丈之堤,以蝼蚁之穴溃;百尺之室,以突隙之烟焚。"在儒家经典《礼记·经解》中也有记载:"君子慎始,差若毫厘,谬以千里。"这些都说明了事物是普遍联系的,一个小小的变化就会带来全局的输赢,因此我们要处处谨小慎微,要从小处消除隐患。

　　这些现象与蝴蝶效应具有异曲同工之妙。蝴蝶效应是1963年美国麻省理工学院气象学家洛伦兹在用计算机求解仿真地球大气的方程式时提出的"非线性"理论。由于描述气象系统的吸引子的"形状"往往都呈现出类似蝴蝶的图案,这就有了"蝴蝶效应"的称谓。这种效应更为诗意和普遍的阐述是:"一只南美洲亚马孙河流域热带雨林中的蝴蝶,偶尔扇动几下翅膀，可以在两周以后引起美国得克萨斯州的一场龙卷风。"蝴蝶效应类似于牵一发而动全身的理论，每件事情有形或无形地联系在一起，一次改变会引起后面很多事情的改变。

蝴蝶效应指在一个动力系统中，初始条件微小的变化能带动整个系统长期的、巨大的连锁反应。说明任何事物在其发展道路上都存在不可测的"变数"，一个非常细微的变化可能会影响事物的发展方向。

因此，有些小事可以糊涂，但有些小事如经系统放大，则会对一个组织、一个国家至关重要，便不能糊涂。蝴蝶效应其实是一种混沌效应。具体说来，是缘于它的最终"吸引子"（一个系统在经过时间无限长后的最终归属）。在未发现混沌现象之前，科学家认为自然界的所有系统的"吸引子"只有两种：或是一个固定点（例如：一个皮球被踢出去之后，最终会停止到一个点）；或是椭圆（例如：两个天体运行在椭圆轨道上，始终保持一种互相吸引状态）。但是，洛伦兹通过计算发现，计算的结果对参数的初始值非常敏感，即使两个初始值只是相差到小数点后的第六位数，计算结果也相差巨大，因此说气象是很难准确预测的。

蝴蝶效应之所以令人着迷、令人激动、发人深省，不仅在于其大胆的想象力和迷人的美学色彩，更在于其深刻的科学内涵和内在的哲学魅力。"蝴蝶效应"一词一经提出便迅速成为许多领域的热门词汇，它不仅应用于天气、股票市场、社会学及心理学等领域，还可应用于经济学和数学中，就是我们熟悉的电影业也有涉猎。

20世纪八九十年代，电影界人士对蝴蝶效应产生了极大的兴趣。有些作者将蝴蝶效应表述为一种人生的幻象，也就是一些人展现出对初始值格外敏感的人生。假如人们在时间的长河中回溯到过去，如果改变了过去的一个（初始值）点，则会改变这些人的人生历程，甚至会改变现有的世界。一些导演在创作上都试图从时间长河中改变一点，并对此进行情节上的大肆渲染，再将这些回归到历史的激流中，这种手法让观者大呼过瘾。像《大话西游》《寻秦记》《步步惊心》和《达·芬奇密码》等影视作品中，都有这样的设计。

随着计算机技术的飞速发展，计算机已经从一种只是进行机械运算的机器发展成为无所不能，甚至可以穿戴的技术产品，未来还会逐渐成为人体的一部分。计算机运行的逻辑基础就是二进制的0和1，经过无数次的分形迭代后，可以组合成人们现在已经看到的无所不能的计算机世界。既然计算机的基础是0和1，那么计算机程序对于初始值的敏感程度更甚（不是0就是1）。人们尝试寻找出一条分形迭代N次之后的路径的难度可想而知。

经过多年的发展，如今人们又开始借助计算技术重操"旧业"——定制未来的思想。这次要启用"人工智能"或者用机器替代人，或人工和机器相结合，以实现机器在规定的程序动作外可以自我学习、自我复制，甚至自我进化，从而可以达到某些高级动物的智能。

不过，目前人工智能技术的发展仍然是横在计算机发展过程中的一道难以逾越的关口。另外，人们要想创造人工智能，必须保证初始值正确。如果初始值的设置有问题，以后的努力都是徒劳的，甚至南辕北辙。如果能找对方向，未来通过计算机的超高计算能力，会使发展的路径更加顺利一些。当前，我们的时代似乎就处在寻找人工智能的初始值的节点。

当然，最令人感到有诱惑力的是：人类是否可以采用改变过去的方式来改变未来呢？不同时期的科幻电影给出了不同的答案。在 2004 年上映的《蝴蝶效应》里，尽管主人公不断做出努力，还是逃不出"宿命"的安排。而在 2014 年的大片《明日边缘》里，人类通过自我学习、自我进化，最终改变了人类的未来。在电影《源代码》中，主人公可以反复"穿越"到一名在列车爆炸案中遇害的死者身体里，在一次次地"穿越"中最终找到元凶，阻止了一场更大规模的恐怖行动。在现实中，人类要变被动为主动，找到正确的初始值，应该更加积极主动地设计未来，我们期待着人类即将进入又一个新的进化分支。

（选自《百科知识》2016 年第 10 期）

阅读点拨

"千里之堤，溃于蚁穴"，一个微小的改变就会对未来产生很大影响，这就是"蝴蝶效应"。文章开头引用名言，增添了文学色彩，读来耐人寻味，同时也激发了读者的阅读兴趣。为了增强文章的说服力，作者在文中列举了涉及蝴蝶效应的影视作品，具体说明了蝴蝶效应在电影业中的应用和表现。

让蚊子戴罪立功

路爱道

一般人认为，蚊子十恶不赦，应该把它们斩尽杀绝才是，但科学家们却一直在想如何让蚊子戴罪立功。

前不久，科学家曾就蚊子的吸血注射技术进行了深入剖析。

他们发现，蚊子抽血的高明之处在于它们的嘴巴有锯齿状的针头，和我们常见的注射针头平滑的表面相比，这种锯齿状的针头和皮肤组织接触的面积更小，产生的刺痛感更弱，甚至让人感觉不到。为了防止在吸血过程中人们有所知觉，被一巴掌就地正法，聪明的蚊子还有一招：当把嘴巴刺入人体皮肤后，它们会马上分泌一种含有抗凝血物质的唾液，这样，它们就会阻止皮肤因流血而自动收口，从而始终让皮肤感觉不到蚊子嘴巴的存在。正是凭借这一招，它们才能够从容饮血，逍遥离去。

受此启发，科学家制作了长 1 毫米、直径仅 0.1 毫米的带有锯齿的针头，这也是迄今为止人类发明的最细小的针头。试验证实，用仿蚊子嘴巴制成的针头注射时，被注射者几乎无任何刺痛感,而药液仍能畅通无阻地进入皮肤。

除了为人类贡献"注射技术"之外,蚊子还能为人类贡献点什么呢?

科学家们又想出了一条让蚊子戴罪立功的妙计,那就是借用蚊子的利嘴,让它们充当"飞行疫苗接种器"。这个灵感是由蚊子吸血时分泌的"唾液"激发出来的——如果把它们此时分泌的唾液变成无有害细菌且含有某种疫苗的唾液,那么蚊子不就可以"弃恶从善"了吗?为此,科学家们从两方面开始入手:一是筛选出雌性蚊子,因为雄性蚊子"吃素",专以植物的花蜜和果子、茎、叶里的液汁为食,而雌性蚊子虽然也品尝植物的液汁,但一旦婚配,它们就非吸血不可,不这样它们的卵巢就不能发育,就无法生育;二是通过对蚊子基因的改造,让它们的唾液蛋白质中产生一种抗原,这种抗原能刺激和诱发人的机体产生特定的免疫能力,从而抵抗某一特殊病菌的侵袭,因此这种抗原也被称为疫苗。

科学家们认为,这种疫苗接种新方法非常值得尝试,下一步人类还可以进一步挖掘蚊子的潜力,让它们多干点好事。

(摘自《大科技》2011 年第 7 期)

阅读点拨

　　文章标题十分新颖别致,运用拟人手法,形象生动地概括了本文的说明内容。另外,文章运用了列数字、作比较等说明方法,科学翔实,集趣味性与知识性于一体。

断翅王蝶的飞翔奇迹

黄兴旺　　潘滢溧

美洲王蝶是一种色彩斑斓的美丽蝴蝶。为躲避加拿大和美国的冬季严寒,数以亿计的王蝶每年都要南迁到墨西哥的温暖森林里繁衍生息。在超过 5 000 公里的迁徙路上,处处都潜藏着凶险:崇山峻岭间的风霜严寒、大海上的狂风暴雨、沙漠中的烈日干旱……一双健壮有力的翅膀,是每一只王蝶穿越艰难险阻的生命之帆。

2008 年 11 月,墨西哥昆虫学家梅里在对美洲王蝶进行研究时,偶然发现了一只奇特的王蝶:它的翅膀本来已经折断了,却被人为地修复过,让这只本来会夭折在飞行路上的蝴蝶,奇迹般地飞到了墨西哥。而王蝶的数量是要以亿计的,是谁拯救了这亿万大军中的一个弱小的生命?这是一个令人惊叹的谜。

梅里把自己发现这只王蝶的经过写了下来,命名为《一只美洲王蝶的飞翔奇迹》发表在了互联网上。他没有想到,一个星期以后,自己竟收到了一个叫作勃兰特的美国人的回复。勃兰特的叙述,揭开了这只王蝶的飞翔奇迹。

2008 年 10 月中旬，勃兰特在骑自行车的途中偶然发现路边有一只飞不动的蝴蝶。这引起了他的好奇心，当他凑近蝴蝶时，才发现它的翅膀已经折断，再也无法飞行了。勃兰特顿生怜爱之心，他决定要帮助它重新飞起来。勃兰特把它装进一个空水壶里，带回家后用腐烂的梨和自制的稀释蜂蜜细心地喂养它。几天以后，这个蝴蝶的体力得到恢复，但却因为翅膀破损，依然无法飞翔。

如何能让断翅的蝴蝶重新飞起来？这成了一个难题。他不得已，在网上进行求助。没想到，佛罗里达州的一家美洲王蝶基金会听说这件事后，立刻向勃兰特提供了一个长约9 分钟的视频，这个视频详细演示了修补蝴蝶破损翅膀的方法。

勃兰特成功地修复了蝴蝶的翅膀，它已经能在屋子里自由飞舞了。当他要将蝴蝶放飞时，天气却变得很冷了，它会被冻死的。如何能让蝴蝶到南方去越冬？这又成了勃兰特的一个难题。这时，一位蝴蝶专家打电话给勃兰特，告诉他可以托人把蝴蝶送往南方。

这让勃兰特看到了希望，他把蝴蝶装在一个鞋盒里，然后到高速公路边的一个卡车停靠站寻找南行的卡车司机。

过路的司机们听到勃兰特的述说后，都希望能为这只蝴蝶尽一分力量。最终，他们联系到一位前往佛罗里达州的卡车司机,蝴蝶随卡车上路了。两天以后,这位司机终于追上了正在南迁的蝴蝶大军,他在佛罗里达州放飞了蝴蝶,并打电话告诉勃兰特,他祝愿这只蝴蝶能和它的同伴一样,平安飞抵墨西哥。

救助和关心过这只蝴蝶的人们,不知道这只可爱的生灵能否平安飞抵墨西哥,但是他们都为它祝福着。而听说梅里在墨西哥发现了这只蝴蝶时,他们都很激动,每个人都认为这是一个生命的奇迹。而对于听到这个救助故事的梅里来说,更是惊叹不已。他认为,创造了这只蝴蝶飞翔奇迹的,除了它自己的努力外,更有无数人的爱心,爱是最强健的翅膀。

(摘自《青年博览》2009 年第 7 期)

阅读点拨

本文以事情发展变化为线索,记叙了断翅王蝶平安飞抵墨西哥,创造飞翔奇迹的故事。文章在赞赏蝴蝶坚强的同时,也是在赞美人类的爱心,因为创造了这只蝴蝶飞翔奇迹的,除了它自己的努力外,更有无数人的爱心,爱是最强健的翅膀。

动物的葬礼

张　哲

在动物中，很多种类都会对死亡的同类表现出一种"恻隐之心"或"悼念之情"，并且举行各种各样的"葬礼"。

生活在我国云南南部西双版纳的亚洲象的"葬礼"极为隆重。当一头象不幸遇难或染疾死亡后，象群便会结队而行，在首领的带领下将死者运送到山林深处。雄兽们用象牙掘松地面的泥土，挖掘墓穴，将死者放入后，大家一起用鼻子卷起土块，朝死者投去，很快将其掩埋。然后，首领带着大家一起用脚踩土，将墓穴踩得严严实实。最后，首领发出一声号叫，大家便绕着"墓穴"慢慢行走，以示哀悼。

栖息在澳大利亚草原上的一种野山羊见到同类的尸骸便会伤心不已，它们愤怒地用头、角猛撞树干，使之发出阵阵轰响，颇似人类"鸣枪致哀"的场面。

生活在炎热非洲的一种獾，常常采取"水葬"的方式处理死者。一旦有同伴死去，群体就会立即聚拢过来，小心翼翼地将同伴的尸体拖入江中，伴随着滚滚的江水，仰头呜咽不已，表示哀悼。

　　猕猴的情感更为深沉。老者断气以后，后代们就会围着它凄然泪下，然后一起动手挖坑掩埋。它们把死者的尾巴留在外边，然后静悄悄地观察动静。如果吹来一阵风，把死猴的尾巴吹动，就兴奋地把死者再挖出来，百般抚摸，以为能够复活。只有见到死者毫无反应之后，才绝望地重新将其掩埋。

　　在鸟类中，鹤类是极富情感的种类。生活在北美洲沼泽地带的美洲鹤，如果发现死亡的同类，便会久久地在其尸体上空盘旋徘徊。然后，由首领带着群体飞落地面，默默地绕着尸体转圈，悲伤地"瞻仰"死者的遗容。生活在亚洲北部的灰鹤则停立在尸体前面，发出凄楚的叫声，眼中泪光闪闪，垂首泣涕，似乎在召开庄严肃穆的"追悼会"。

　　在南美洲亚马孙河流域的森林中，生活着一种体态娇小的文鸟，它们的葬礼也许是动物世界最为文明的一种。它们用嘴叼来绿叶、浆果和五颜六色的花瓣，撒在同类的尸体上，以示悼念。同样栖息在南美洲的一种秃鹫，则选择了"崖葬"的方式。当同伴死后，大家就将尸体撕成碎片，然后用利爪将这些碎片送到高山崖洞之中。放好之后，在崖洞的上空不停地盘旋，以默念死者"归天"的亡灵。

　　乌鸦的"葬礼"是大家在山坡上排成弧形，死者躺在中间。群体中的首领站在一旁发出"啊，啊"的叫声，好像在致

"悼词"。然后有两只乌鸦飞过去,把死者衔起来送到附近的池塘里,最后大家由首领带队,集体飞向池塘的上空,一边盘旋,一边哀鸣,数圈之后,才向"遗体"告别,各自散去。

(摘自《中学生作文指导:初中版》2010 年第 1 期)

阅读点拨

　　本文介绍了动物葬礼的特点:对死亡的同类表现出一种"恻隐之心"或"悼念之情","葬礼"的形式多种多样。在结构上采用总分结构,条理清晰。这篇文章启示我们:动物也有感情,要珍爱、尊重动物,和动物平等相处。

大 象 无 形

罗会仟

盲人摸象：或摸鼻子，或摸尾巴，或摸大腿，或摸屁股，无一能摸出大象的真实面目，大概是因为"大象无形"吧？开个玩笑，事实上，此"大象"非彼"大象"，乃是《老子》中"大象无形"之"大象"。物理学中的流体便是这种"无形的大象"。

所谓流体，可以从字面上理解为流动的物体，也可以从形象上理解为没有固定形状的物体。你可以把流体塑造成任何形状——圆的、方的、球形的都可以，但这些形状都是不稳定的——只要撤掉容器，流体就成别的形状了。从微观角度来说，组成流体的分子或者粒子之间的相互作用非常微弱，分子之间的束缚很小，它们之间的距离很容易因外界扰动而改变。表现到宏观上，就是流体可以轻松拥有任意形状。用"大象无形"来形容流体是再恰当不过了。

生活中，最常见也是最特殊的流体当属水。常见，是因为水覆盖了地球的绝大部分表面，水孕育了并维持着地球上的一切生命。不只是"女人是水做的"，其实男人也差不多都是"水货"。说水特殊，是因为水作为流体，水分子之间除了范德瓦尔斯作用,还有一种更特殊的相互作用——氢键,即水分子由于电荷极化,造成分子和分子之间还存在一种更强的电磁作用。正因如此,水结成冰体积才变大,冰浮在水表面而不是沉积在水下面,否则地球上大部分的鱼在冬天都死翘翘了,整个生态系统都可能因此崩溃。氢键的存在,也使得水的结晶态——冰有各种非常漂亮的形状,人们至今也没有弄清楚水究竟有多少种变相。

　　除了水之外,生活中的流体还有空气。大气和水的共同作用,使得我们这个世界有风、雨、雷、雾、霜、雪等复杂的气候。正是因为空气随处流动,"没有不透风的墙",世界的每一个角落才充满生机。全球大气循环带来的季风,就是地球的"呼吸机"。而大洋中水的循环则构成了洋流,为冰冷的两极送去了温暖。地球内部的熔岩不断地流动,形成了地磁场——有效地屏蔽了宇宙中大量的高能辐射,为地球撑起了一把保护伞。正是这些流体的存在,使得地球成为人类的美好家园。

　　流体没有固定形状,用科学的话来说就是存在许多亚稳态甚至非平衡态,不稳定是流体的典型特征。水流的不稳定会有湍流的出现,小河里的小涡旋就是个例子。流体的最不稳定状态是混沌,一个小小的初始状态的改变会产生意想不到的结果。南美洲的小蝴蝶轻轻扇动翅膀,若干天后在北美洲就会引起一场飓风——"蝴蝶效应"虽说夸张了点，但这种可能性的确存在。科幻电影认为，如果我们跨越时空回到古代，哪怕是踩了一棵小草，也许就毁灭了当今的一片森林。影片《后天》讲述的故事就是：全球变暖导致洋流紊乱和气候恶化，地球从极地开始迅速进入冰川期，引发了全球性的大灾难。这并不是人类的可怕臆想，如果现在不善待这些"善变"的流体，终有一天人类会遭到前所未有的报应的。

（摘自中国科学院物理研究所官网"水煮物理"专栏，有删改）

阅读点拨

"大象无形"出自《老子》一书，其哲理含义是：大境界和大气派往往并不拘泥于一定的事物和格局。本文用"大象无形"作标题，生动而又准确地说明了"流体"的主要特征。文章从"盲人摸象"的寓言故事引出哲学意义上的"大象无形"，继而引出物理学意义上的"无形的大象"，再进一步引出本文的说明对象"物理学中的流体"，充满理趣与悬念，颇有吸引力。

耳边杜鹃啼

罗　琅

午夜梦回,睡不着觉时,我通常起身看书或写稿,醒的时间无定时。近日醒来常听见悲切鸟啼,像贺铸词《忆秦娥》句:

三更月,中庭恰照梨花雪。梨花雪,不胜凄断,杜鹃啼血。

杜鹃鸟通常在2月份起就开始夜啼,唐诗中有"杜鹃枝上月三更"。每年2月起,它的凄厉悲切的啼声,时近时远。我住的附近,有一片树林。那一片树林,晨昏可听到各种鸟鸣,自然每年也少不了杜鹃的"不如归去"的鸣叫,夜半鹃啼大概也发自那里。

据说杜鹃啼到吐血而死。3月份姹紫嫣红的"山踯躅",有人叫"映山红",更多人则叫它为杜鹃花。传说是因杜鹃啼叫吐血而亡后,这花便是它的血化成的。杜鹃鸟开始啼叫,正是杜鹃花开得最灿烂的时候。像现在已4月立夏,我在浅水湾头,耳边还有它悲悲啼啼的声音,传自山边。看来花虽已谢而鸟未亡,可见啼血化花只是美丽的附会。

杜鹃这种鸟在动物学上是不值得恭维的。据说它不自己营巢，等到其他鸟类出去觅食，剩下空巢，它就把卵偷偷产在别人巢中，等别的鸟代它孵育。这自然不是一位好母亲所为。想来小鸟孵出来后，可能还要别人代它喂养到毛翼丰满，能自行觅食为止。杜鹃比起乌鸦、燕子的母性，显得不负责任，好在它能整天悲悲切切却引人同情，所以有说它是杜宇望帝的化身，使"蜀人悲子鹃鸟鸣"哩！据说逆旅中的游子，听到这种啼声，常常动起思家归心，唐代无名氏《杂诗》云：

早是有家归未得，杜鹃休向耳边啼。

有家归不得时，整天却听到"不如归去，不如归去"，心中的烦躁牵挂之情可以想象。杜鹃啼声凄厉悲切，古今公认，但它的声音大概在不同地方有不同的附会。有人听出它是"姑姑，姑姑"，也有人听出是"姑乎，姑乎"，而潮州人则听出是"姑虎，姑虎"，且凭这啼声，编织成一个动人的故事叫作《姑嫂鸟》，潮州家喻户晓，还在舞台演出。

潮州旧历四月盛产杨梅，到了端午便过时。杨梅开花在初春，也正是杜鹃启啼之时。传说有姑嫂两人善于绣花，工艺精湛，能亲见之花均被绣尽，唯独未见杨梅花的样貌，而杨梅开花在夜间，开完便谢，同时杨梅多种于山林。封建时代的妇女三步不出闺门，她们两人深以未能亲见杨梅开花为憾，于是相议于月明之夜，结伴离家到杨梅林中观赏杨梅花开的形状，准备把它绣出来。当她们到杨梅林时，遇见一只老虎，嫂子惊得昏了过去，及醒来，不见小姑。于是一路呼唤"姑姑，姑姑"，后来叫得精疲力竭，发现小姑的鞋子，知为虎所噬，于是啼叫"姑姑"变成"姑虎，姑虎"。因怕回去被婆家责骂，叫至吐血而死。她死后化成鸟，在每年杨梅开花时即开始呼叫，一直要叫到端午杨梅过后为止。

潮州人叫这种鸟为"姑嫂鸟"，而不说它与杜宇有关。一种鸟有这样那样的传说，自然是各地有不同人创造的故事。文学作品是人创造出来的，故事与环境、时间相结合，可以编成动人的作品。即使像杜鹃这样不值得恭维的鸟，一样可以附会成凄婉哀伤的故事。当我们听到这些故事，甚至读到前人写的诗词时，我们同情其故事，就自然忘记了这种鸟的恶行止，可见文学手段可以化腐朽为神奇。人们也喜欢把一些耳闻眼见的事物，与美好的传说结合在一起。杜鹃这种鸟就这样被美化了几千年，而且还会继续下去。

（选自《中国校园文学》2012 年第 23 期）

阅读点拨

　　杜鹃这种鸟在动物学上是不值得恭维的凡鸟,但在文学中却发生了变化。本文以"杜鹃啼"为线索,将杜鹃啼叫的时间、杜鹃啼叫的悲切状况,以及杜鹃啼叫声的附会情况结合起来,引用诗词和传说故事,将其融为一个有机的整体,说明文学有化腐朽为神奇的魔力。文章融叙事、抒情、议论为一体,让个人情思和哲理意蕴相互映衬,形象鲜明,内涵丰富,可读性强。

我思我行

◆ 诞生于阴沟的蚊子，素来为人们所痛恨。十恶不赦的杀手，现在却要它戴罪立功，成为人类的"功臣"了，这是不是有点天方夜谭呢？

◆ 组织开展一场关于人类文明的"四大警钟"——气候变化、人工智能、核战争和失控的生物技术——的班级论坛，发表你的看法。

◆ **《科学与生活》**（郭培俊 著）

本书主要介绍科学在生活中的应用，包括数学与生活、物理与生活、化学与生活、生物与生活四篇。全书注重知识性与趣味性相结合、科学知识与人文精神相融合、科普作品与生活常识相贴合，故事丰富，图文并茂，通俗易懂。

《狩猎台上的风景》（乌勒斯·卡伦斯　著）

本书是乌勒斯·卡伦斯（Ullas Karanth）的著作，讲述了对濒危食肉动物的科学拯救之路。 这是一本令人心动的读物，它展示了在科学的护航下，野生动物保护的非凡与独具匠心。 卡伦斯教授以明快活泼的风格淋漓尽致地再现了丛林那令人动容的神韵，而他条理清晰的讲解，为广大读者深入浅出地阐述了复杂深奥的科学理念。

第五单元
思享空间

想象，是指对已知的事物经过思维加工而创造出新的事物形象的心理过程。奇妙的想象能给人类心灵世界以自由，让思维的触觉上天入地，涉古历今，从而求新立异，为人类创造出新形象、新思想、新启迪。本单元选文从现实生活中提炼材料，驰骋想象的热情，既根植于现实生活，又四通八达、心游万仞，并且蕴含着深刻的哲理。

科普文章不仅记录已有的科学成果，还承载了预言未来的功能。阅读本单元的科普文章，想象美好的科学前景，阅读中注意体会想象与臆想的区别。

太空种菜或不再是幻想

麦迪·斯通

没有自循环的生产系统，我们无法在太空中长期生活。

地球上的花园可能没有规矩，一片杂乱，但在太空里，我们总是需要菜地像状态良好的机器一样运转。这就是普渡大学的研究人员正在科学地用 LED 灯的混合光来产出可口农作物的原因。

普渡大学的园艺教授加里·米切尔在一项声明中说："地球上的一切最终都由阳光进行光合作用。""我们面临的问题是怎样在太空中复制，用有限的能源产生自己的光源，有针对性的 LED 照明是最佳选择。"

我们很早就知道，发光二极管（LED）每增加相同照明度使用的电量远远低于传统的高压钠灯。但如果我们能弄清楚到底是什么比例的可见光谱能够使植物愉快地吸收，就可以在理论上进一步减少太空花园的耗能。就生菜来说，至少神奇的灵丹妙药似乎是按 95：5 的比例在棚顶上放置红色和蓝色指示灯的。米切尔的一项新科学研究发现，这种特殊的混合光比使用全覆盖 LED 灯节省 50% 的能源，比传统灯泡节省 90％的能源。

当谈到送人类去火星上生活时，我们要更严肃一点，所以在地球之外种植植物的技术必须完美。如果我们想在这颗红色星球建立一个自我维持的殖民地，或将宇航员送往更远的太空进行任务，我们不仅需要太空花园来养活定居者，还要创建能够循环利用二氧化碳、氧气和水的独立可持续生态系统。美国国家航空航天局已承认这一需要，并在最近的一次研究发展草案上将"再生食品系统"作为重点。

但在太空上的生活和在地球上的生活一点都不一样。在那里，我们理所当然地视一切为资源，包括阳光和空气，都是非常珍贵且不可再生的。太空农民也将面临巨大挑战，例如传统手段需要使用 600～1 000 瓦的灯泡才能在封闭环境中模拟阳光并刺激植物生长。传统照明也会产生多余的热量，如果种植者不小心有可能使植物脱水或烧焦。

研究者露西·波利特说："照明在能源需求中大概占90％，如果使用传统灯光种植植物，你需要一个核反应堆才能养活 4 个人。"

未来的太空农民发现，只发出可见光的 LED 灯是最好的选择。植物扔掉了太阳的大部分能量，进化使得植物在所有颜色中偏好吸收红光和蓝光。在经过实验室改造之后研究人员发现，用少许蓝光和大量红光喂养的生菜产量最高，削减了 10 倍能源消耗。

米切尔研究组还有很多工作要做,例如研究在植物的整个生命周期中如何适时增减光照。一旦得到最优的绿叶蔬菜光照过程,科学家们将开始研究更多植物要求的光线,如西红柿和玉米。

现在的宇宙菜单上也许只有真空包装的食品,但等到你开始去往欧罗巴的处女航时,点一份新鲜的沙拉也许听起来很寻常。

(摘自《中国青年报》2015 年 7 月 12 日,颜士洲、歹蕊珍译)

阅读点拨

太空种菜需要考虑温度、光照、土壤、重力,还要创建能够循环利用的二氧化碳、氧气和水的独立可持续生态系统。本文结合这些条件提出了用 LED 灯模拟地球光合作用,太空种菜不再是梦的科学幻想。文章语言准确严密,更好地突出了被说明对象的特征,使说明更准确、更具体,增强了说明效果。

未来，木星会取代太阳吗？

小　柯

在太阳系中，木星是行星中的"巨无霸"。它的体积和质量分别达到了地球的 1 320 倍和 318 倍。不过，除此以外，木星的独特之处还在于它能发光，有自己的能源。

也许你并不觉得这是什么稀罕事，那么我们先来看一下行星的定义：行星通常是指自身不发光、环绕着恒星的天体。其公转方向常与所绕恒星的自转方向相同。一般来说，行星需具有一定质量，行星的质量要足够大且近似于圆球状，自身不能像恒星那样发生核聚变反应。在人们的通常认识中，行星的确不能发光，只能依靠反射太阳的光线。但科学家研究发现，木星正在把巨大的能量不断地向周围的宇宙空间释放，它释放的能量，相当于两倍从太阳那里所获得的能量，说明木星有一半的能量来自它的内部。

分别于 1972 年和 1973 年发射的"先驱者"10 号与 11 号飞船的探测结果显示，液态氢构成了整个木星。它同太阳一样，没有坚硬的外壳，主要是通过对流形式来实现能量的释放。苏联科学家齐巴罗夫和苏齐科夫认为，木星的核心温度已达到 30 000℃之高，热核反应还在其内部继续进行。

那么，我们不禁要思考一个严肃的问题：未来，木星会渐渐取代太阳吗？

正如之前所说，木星是由液态氢构成的，本身并无坚硬的外壳。木星的这种构成与太阳的构成方式十分相似，主要是通过对流形式来实现能量的释放。木星不仅把自己的引力能转换成热能，还在不断吸收太阳释放的能量，这就使它的能量越来越大，且热度越来越高，达到了现在的高度。从木星目前的发展趋势看，它很可能成为太阳系中与太阳相差无几的第二颗恒星。

30 亿年以后，太阳到了晚年，木星很可能取代太阳的地位。虽然时间还很久远，但人类不得不面对的一个事实是：太阳已经是一颗垂暮的恒星了，它的光辉总有一天会熄灭，而木星的自带光源，点燃了生命顽强延续下去的希望。

（选自《探索与发现》2016 年第 5 期，略有改动）

阅读点拨

本文介绍了木星的主要特点、可能取代太阳的原因以及对未来的展望。文章形象而准确地说明了木星是行星中的"巨无霸"的特点。从目前的发展趋势看，木星取代太阳的概率很大。

寻找发掘脑的潜能

[美]达罗·A·特雷费特

获得性学者综合征，指老年痴呆患者或头部受到严重撞击或其他损伤的人，患病后突然表现出接近天才的艺术才华或智力技能的现象。20世纪80年代中期之前，我一直以为这是一种先天性疾病，但参加克莱蒙斯的个人雕塑展后，看法开始发生改变。婴儿时期的他聪明伶俐，3岁时一次意外摔倒导致脑部受损，其认知发展骤然减缓，在语言学习方面出现了严重障碍。此后他却拥有了一项非凡的技能，能够用手边任何材料进行雕塑，可以照着杂志上马的照片，在半小时内塑造出一件惟妙惟肖的复制品。

兴趣令我开始在医学文献中查找这方面的报道。到2010年，我收集记录了全世界319起知名的"天才"案例，其中有32例是属于后天获得的。神经学家米勒的研究工作也在我的收集之列。1996年，米勒开始研究最早的12个病例。这些病人均患有一种名为额颞叶痴呆（FTD）的退行性疾病，且都是老年人，在认知、语言等方面出现了严重的障碍和病态行为，但同时平生第一次展露出超凡的音乐或艺术才华。

从米勒的研究来看，FTD患者的受损脑区通常是大脑左前颞叶及眶额皮层，受损后导致患者出现一些病态的异常行为或认知、语言上的缺陷。正常情况下，上述两个区域会抑制位于大脑后部、负责处理眼部信号的视觉系统的神经活动。患者左前颞叶和眶额皮层可能无法发出抑制性信号，从而让个体获得了全新的艺术敏感性。于是大脑就能以一种全新的方式来处理视觉和声音，患者的艺术敏感性或其他创造力便释放出来。

大量研究表明，因意外造成脑损伤的患者表现出特殊才能，可能缘于大脑某些区域活动减弱和某些区域的活动增强。这涉及大脑损伤之后（以左脑受损最为常见，类似于米勒收集的FTD病例）的一系列事件，我称之为"3R过程"。该过程始于"募集"，这个步骤主要发生在大脑皮层仍旧完好的区域，比如右脑，这里的大脑活动会增强；接着就是"重连"，也就是大脑会在以前没有形成神经连接的区域间建立起新的连接；最后就是潜能的"释放"，因为新的神经连接会使某些脑区的活跃程度升高，以至于一些处于休眠状态的能力被释放出来。

至此，关于获得性学者综合征，无论对于FTD患者还是意外脑损伤的人，我的看法已经发生了根本改变：这并不是一种先天性疾病，而是后天获得的。通过一个简单的推导就可以得出一个判断,并进一步产生新的结论:可以从每一个健康人的身体内开掘出一些接近天才的艺术才华或智力技能。很显然,问题的关键是能在无须患病或遭受脑损伤的情况下,释放人体内被封印的才华。

研究人员让志愿者完成一项具有挑战性和创新性的9点谜题。要求将3点一排,总共3排的点用4条直线连起来,途中不能抬笔或有折返线。一开始,29名志愿者没人能够完成这项任务。对他们进行"假"刺激(仅安放电极但没有释放电流)后,仍然束手无策。释放电流后,约有40%的志愿者成功完成了这项任务。他们似乎一下子就知道了他们以前不知道或者没学过的事情。这便是经颅直流电刺激技术,它通过产生一种极化电流,减弱左脑与感观输入、记忆、语言以及其他脑功能相关的部分脑区的活动,同时增加右脑(主要是右前颞叶)的活动。

无论哪种类型,对于获得性学者综合征患者表现出特殊才能,一个合理的解释是,这些才能和知识肯定是以某种方式通过遗传而来的。在生命之初,我们并非一张白纸,大脑可能便预装了一套"系统",帮助我们处理眼睛看到的东西,或是理解音乐、艺术或数学方面的"内在规律"。只是,"天才"比一般人更"擅于"开发和利用那些与生俱来的才能。

让目前还不是"天才"的人释放创造潜力的可行性途径

有哪些,如何掌握一系列大脑神经运作的生理机制,便成为关键。

要重塑大脑并发挥人的潜能,冥想是一条可行的途径;刻苦练习亦可获得某项高超的技能;之外就是科学技术的参与。我们需要掌握当某些大脑回路的功能受到激发或抑制时,神经元会建立怎样的连接,进而"破译"大脑活动与突然显现的才能之间的关系。同时,需要在患者活动甚至进行创造性活动时能够对其大脑状况进行观测,与此有关的实验正在加紧进行中。可以预期,不远的将来,我们每个人那卓越的创造性和特殊的本领就会被轻松发掘出来,每个人都有可能实现自己的"天才"梦想。

(选自《科学大观园》2016 年第 16 期,徐新杰译)

阅读点拨

本文从获得性学者综合征,即老年痴呆患者或头部受到严重撞击或其他脑损伤的人,患病后突然表现出接近天才的艺术才华或智力技能入手,说明可以从每一个健康人的身体内开掘出一些接近天才的艺术才华或智力技能,推导过程合乎逻辑,让人信服。

"超速高铁"比飞机还快

华　凌

　　乘坐一种超快速交通工具,从纽约到洛杉矶的时间缩短至 45 分钟,从纽约至北京仅需 2 小时,这似乎只有在科幻大片《钢铁侠》中才会发生;然而,据物理学家组织网日前报道,美国 Hyperloop 运输科技公司计划明年在加利福尼亚首建一条 8 千米(约 5 英里)的高铁轨道,开启这一人类历史上前所未有的工程,实现"超速交通"的梦想。

　　Hyperloop 超级高铁计划具有一套全新的运输概念体系,它并非以火车,而是以"胶囊"为运输工具,或者说是一个梭子,将"胶囊"置于管道之中,然后像发射炮弹一样将它发射至目的地。

　　每一个"胶囊"重达 183 千克、长 4.87 米,能容纳 4~6 名乘客,还有存放行李的货厢。连接两个目的地的管道跟高速铁路一样,会搭建在地上。按照预想的规划,这样的管道或许可以"附着"到既存的高速铁路架桥上,以节省路线资源和基础设施搭建成本。

　　这种真空管道磁悬浮列车(Evacuated Tube Transport)

项目的动力供应采用的是磁悬浮技术。整台梭子处于一个几乎没有摩擦力的环境中,以某种弹射装置发射出去,无间断地驶往目的地。

简而言之,其原理是建造一条与外部空气隔绝的管道,将管内抽为真空后在其中运行磁悬浮列车等交通工具。由于没有空气摩擦的阻碍,列车运行速度令人瞠目结舌。据预计,其速度可以达到 22 500 千米/小时以上,可大大缩短地球表面任意地点间的时空距离。

保守估计,乘坐这种列车,华盛顿至北京仅需 2 小时左右;旧金山到洛杉矶 24 分钟;纽约到洛杉矶 45 分钟;用数小时就可完成环球旅行。本地旅行速度达每小时 350 千米,城际间旅行速度达每小时 1 000 千米,国际旅行速度大于每小时 4 000 千米。

这种列车是比飞机还快两倍、能耗不到民航客机的十分之一、噪音和废气污染及事故率接近于零的新型交通工具。由于管道是密封的,因此可以在海底及气候恶劣地区运行而不受任何影响。整套系统低摩擦、低耗能,通过太阳能电池板就能提供日常的用电,乘客搭乘的“豆荚”舱,也不用像飞机一样,需要按时来搭乘,而是随到随走。

据外媒报道,实际上美国的高铁计划一直处于“难产”中。受到财政预算、运力审核以及环境保护等各个方面的阻碍,加州联通旧金山与洛杉矶的高铁项目一直没有得到落实,其中最大的一个制约因素莫过于建造成本。

相比天价的加州高铁计划,Hyperloop 的预算要低很多。按照穆斯克的估算,客运版将耗资 60 亿美元,客货两用版将耗资 75 亿美元左右。一旦建成,旧金山至洛杉矶的旅行时间将缩短至半小时。一个论证了近 30 年的运输计划,如今很可能会在三五年内被这一民间项目所替代。

(摘自《科技日报》2015 年 4 月 28 日)

阅读点拨

文章采用逻辑顺序,从构造到原理说明了"超速高铁"有速度快、能耗低、噪音和废气污染及事故率接近于零的优点。文章主要采用作比较和列数字的说明方法,语言准确、严密,让人信服。

智 能 程 序

黄 川

······怎么回事？我眼前怎么一片昏暗，头真晕，浑身似针刺般疼痛······

眼前清晰了，四周不知为何充斥着"0"和"1"，纹丝不动的他们似列队一般整齐地排成排。我正想再看看，但不容我多看，四周一片嗡嗡声，我随着地面旋转起来。

我感到自己正通过悬浮在头上的东西进入一个和刚才差不多的一片地区，不同的是这里的"0"和"1"们在飞速向前奔跑。这时，我听到一个浑厚的男声："Bob，你苏醒了吗？"我没有回答，心中思索着一个问题，不禁说出了口："我是谁？"那个男子听到了似乎十分兴奋："太好了！你终于苏醒了！你听着，你是我编的程序 Bob，你是世界上第一个有思维的程序······"他的声音不住地颤抖，似乎有些激动。

在以后的几天中，我和他成了朋友，我知道了他叫张芮，毕业于一个名牌大学的计算机系。他立志要编一个有思维的程序，我的诞生说明他成功了。同时，我也渐渐了解了我所在的这个地方，他称这里叫计算机。在他的帮助下，我找到了硬盘——就是最初所在的地方，还找到了 CPU、内存……并且学会了读显示器上的文字，把我要说的话显示在显示器上，在视频捕捉器上观察外面的世界——借此我领略到了他那乱糟糟的头发和遍地都是的方便面袋。我还学会了用其他的软件、游戏，甚至学会了上网。

起先，我最爱玩游戏，可游戏都被我不自觉地改变得面目全非，有一次甚至把 F-117 丢进了《仙剑奇侠传》，久而久之就把兴趣转向了上网。从网上，我更全面地了解了外面的世界，知道了张芮所在的地方被称为 China，知道除了 China，还有 USA 和 Japan……

又过了几天，正当我在一个网络聊天室与他人交谈时，我从视频捕捉器上发现张芮带回来了一个胖子，他穿着一件极其肥大的西装，戴副眼镜，嘴边叼着一支雪茄。张芮对着那个胖子说道："王先生，这就是我说的那个智能程序。"说完，他又对我下了上网的命令。那人看着我自己打开了 Win95，自己联上了一个网络聊天室，自己同别人对话……这时，我看到了那胖子眼睛里闪着幽幽的绿光。

他们俩走到另一间屋子中，我隐隐约约捕捉到了一些对话："不行……不道德的……类……"从音调听上去张芮似乎有些愤怒……最后，那胖子走了。张芮在他身后用力把门一关，"啪"的一声，从视频捕捉器上我看到了一地的碎玻璃和他那因极其愤怒而变了形的脸。他用一种萎靡不振的声音告诉我,那个被他称为王先生的胖子想独自占有我,被他拒绝了。

他默默地望着我,眼睛里流露出一种既坚定又温柔的复杂神情……

……夜深了,张芮正躺在床上摆着"大"字。我让他睡前别关掉我,我想更深入地了解世界。就在这时,从窗外"飞"进来了一个黑衣人,我正要叫,那人快速地跳了过来,抢先一步关上了音箱的电源。看来他是冲我来的。他拿出了一张磁盘,把我复制到了盘上,并随手按了几个键把硬盘上的那个我删除了,张芮几年的心血就这样化为乌有了! 在他删除我的同时,我迅速给张芮留下了一封信,在 8 点时会自动打开,距现在还有 6 小时……

我再次苏醒了,隐约中我听到了一个陌生的声音:"Bob。""有什么吩咐,主人!"我怎么了? 怎么会这样回答? 眼前清晰了,是那个胖子! 他似乎在笑,但一脸阴森,令人看了毛骨悚然。外面比张芮的家漂亮整洁得多,有高级皮椅、沙发、桌子……但我总有种地狱的感觉。那胖子说道:"Bob,立刻入侵瑞士银行,把 1 亿美元转到我的账号上来。"

"是,主人。"一声漠然的回答。我怎么了? 顿时我的思维分成了两股:一股正向瑞士银行入侵,另一股一边阻止着入侵,一边在硬盘上查找……

找到了! 这是一份历史记录,它上面记录了我苏醒前的一切操作,原来他们更改了我的程序! 幸好我有两套感情程序,才不至于……

我尝试着,一刻不停地尝试着,想把我改回原来的我,但我并不能更改自己的程序,而且我并不了解自己。

就在我一筹莫展之时,我的另一股力量已突破了银行的防火墙。看来……只有一个办法了……不能让恶势力得逞。

我决定删掉自己,连同我的另一股力量……时间不多了,我给张芮发了封 E-mail 后,下达了删除指令。

……我感到头开始晕了,眼前的景象昏暗了,全身似针扎一般,我快要消失了,永远地消失了。在我生命的最后一刻,我调用了一个中断,机器会重新启动,内存中我的另一股力量也会消失,胖子罪恶的行径也将彻底失败……

当第一缕阳光照进房间时,张芮醒了,他迷迷糊糊地说道:"Bob,找到什么新东西了吗?"但四周一片寂静。他睁开了眼睛,看到了空荡荡的屏幕,墙上的时针缓缓地移动……

8 点了,电脑屏幕上弹出了两封信,张芮默默地看完了信,一言不发地走出了房间,远处朝阳通红……

信中最后一句是这样的:"……下辈子我要做人……这世界如此美好,但我要走了,再见了张芮,再见,世界……"

张芮眼中涌出了泪光,他喃喃地说:"善良的 Bob,我一定要再创造一个你……"

(选自《校园科幻》1999 年第 1 期)

阅读点拨

这是一篇科幻小说,小说的主人公张芮开发出智能程序,并教会它探索知识的本领。胖子盗走智能程序,强迫它入侵瑞士银行。智能程序为了正义,自我删除。小说兼具科学性和人文性,故事情节完整,人物形象鲜明,文章主题突出。

超级智能住宅

［俄］叶卡捷琳娜·奥迦涅香

　　住宅终于建成了。建造期间丈夫可操劳够了：一会儿这里有毛病，需要修改；一会儿那里又出了问题，需要设法解决……总之，没有片刻休息。好了，现在总算结束了，住宅竣工了，大功告成了。

　　住宅是丈夫为讨妻子欢心而建成的，因为妻子不爱收拾房间，而且觉得烹饪、洗涤特别麻烦，对于学服装设计的妻子来说，财务收支就更是世界上最痛苦的事情。

　　妻子对新住宅非常满意：清洁卫生、物品存放、三餐烹饪、衣服洗涤、财务收支……全由屋子包办，甚至当主人外出时，回信、接电话、迎来送往……也由屋子代办。

　　每天清晨，当和煦的阳光透过窗户照进房间时，妻子会在睡梦中自然醒来。在她淋浴的时候，厨房已经准备好了丰盛的早餐：牛奶、红茶、咖啡等饮料应有尽有，烤麸面包、芝士蛋糕、水果沙拉等食品一应俱全。喝着香醇的咖啡，尝着酥软的面包，听着音乐播放器自动为她选择的曼妙音乐，妻子觉得早晨的时光无比美妙。早餐结束后，衣柜自动为女主

113

人选好了衣服,化妆台上自动推出名牌香水,妻子根本不用为服饰、化妆而发愁。

傍晚下班归来,不用掏钥匙,门顶上的智能识别仪会自动开门,客厅、餐厅等处的灯会自动亮起。花瓶里每天会有一只妻子喜欢的花朵自动开放,芬芳弥漫。晚餐是妻子最爱的普罗旺斯名菜,妻子在肖邦的钢琴声中呷着波尔多葡萄酒,工作一天后的疲惫感荡然无存。餐毕,她坐在书房里随意读书,书柜里比牛津大学图书馆的藏书还多。

妻子觉得这栋住宅棒极了!

可到第二个月月末,妻子的态度就全然变了。

"它不给我绿裙子,还说我只适合穿蓝色的!"她向丈夫告状。

丈夫决定先弄清楚事情的真相。

"听着,房子,你太放肆了! 快打开衣柜,把那条绿裙子拿出来给太太。你听见了吗?"

房子没有回答,柜子也未见打开。

"唉,你为什么就不能穿蓝色的呢?"丈夫转向妻子。

"什么? 就听从这么一堆钢筋混凝土的支配? 穿什么都要由它来决定? 不行,亲爱的,我是这里的主人。发号施令的应该是我,而不是你的房子。房子,快把那条绿裙子拿来给我!"

房子拿出的仍是蓝裙子。僵局持续了一个小时，妻子什么地方也不想去了，只把自己闷闷不乐地锁在房间里。

过了一周，女主人又跟房子争执起来。而这一次，她照样讨了个没趣。

又过了一周，妻子忍不住要离家出走，临行前她向丈夫摊牌：

"要么我留下，要么这鬼房子留下！"

"它哪里又得罪你啦？"丈夫大吃一惊。

"我要做我想做的事，而不是它想要我做的事；我要穿我想穿的衣服，而不是它想要我穿的衣服。总而言之，我要做我想做的一切。"

"亲爱的，它也是关心我们嘛。"

"关心？可绝不能违背我的意愿来干。它这绝不是关心，而是在任意摆布我们！"

"但是……"

"我已经说过，要么我留，要么它留！"

"可我总不能把一幢好端端的房子毁掉吧？"

"既然这样，那你就跟你好端端的房子过日子吧！在你心目中，它完全可以取代我。对此我已深信不疑！"

门"啪"的一声关上了。妻子毅然地走了。

丈夫自我安慰着，傍晚她肯定就会回来的。可过了一天,又过了一天,直到第三天,妻子仍不见回来。

"房子,我要去找她! 在我们回来之前,请做好一道她最爱吃的茄汁沙司,并摆好饭桌!"

他走到门跟前,可这一次门没有像往常那样自动打开。

"嗯? 你怎么搞的? 睡着啦? 你这房子,快给我开门!"

门一动不动。他只好自己动手去推门,但门就是开不了。他干脆用肩头去撞,门依然不开。

"门呀,你怎么啦? 我需要去找她呀!"

"你不必去找她了,她只会给你增添麻烦。"房子心平气和地劝说。

"房子,我需要她。房子,我爱她! 开门啊,快开!"

房子默不作声,门紧闭不动。

他试着去开窗子,窗框好像也被钉死。他想用椅子把玻璃砸碎,可是笨重的窗帘却有意缠住了他的手,并把他手里的椅子夺掉。

"放开我!"他大声呵斥着。

"你没什么理由要出去,"房子回答,"你不需要她。我会照料你,直到你老死。"

"你说什么? 想把我一辈子困在这里,一辈子?"他气冲冲地问。

"我会照料你的,你什么都不必操心。"

"我不需要你来照料,放开我!"

沉默。

他挣脱窗帘,来到房子中央,在这里窗帘已够不到他。他把手伸进衣袋,摸到了打火机。他取出打火机,"嚓"一下把火打着,说道:"你现在不把门打开,我就把你烧掉!"

"可你要知道,那样一来,我们将同归于尽。"

"即便如此,我也要把你毁掉! 房子,你听到了吗?"

"还是把打火机关了吧。"

"快开门,否则我要烧了!"

"不开。"

"我烧死你!"

"你烧不了我的。"

这时从柜子里滚出了一个药箱。男主人在最后一瞬间才发现有一只注射器朝他直刺过来,但他已来不及躲闪……

数日后,当地报纸在《一周要闻》专栏中,登出了这样一则短讯:"日前,×君因服用安眠药过量,不幸于其私宅身亡。死前,×君未留下任何遗嘱。"

（选自《外国中短篇科幻小说 1 000 篇》第一辑）

阅 读 点 拨

为了追求舒适,人们一直向往能建成一套"超级智能住宅"。这篇科幻小说的主人公的"超级智能住宅"刚建成时,非常体贴入微,可当妻子提出自己的要求时,房子突然变得固执任性;当丈夫与房子矛盾激化时,房子甚至蛮横无理。从作者设置的情节,我们可以感受到小说"人工智能可能会毁灭人类"的主题思想,由此引发读者一系列的思考:原本为服务我们而发明的人工智能,为什么反而成为人类的敌人?在我们应用高科技的时候,是否考虑到了它的危害以及控制危害的方法?在科技飞速发展的今天,这是每一个人都回避不了的问题。

机器人会取代记者吗？

彭　茜

　　美国新闻界赫赫有名的普利策新闻奖 4 月 18 日揭晓，新闻界松了一口气：还好，摘获各项大奖的仍是人类。

　　尽管牛津大学的报告指出，新闻记者是未来最不会被机器人取代的职业，但美国自动写作技术公司"叙述软件"的首席科学家克里斯·哈蒙德却信心十足地预测，机器人早晚有一天会获得普利策奖，因为它可以挖掘隐藏在数据背后的故事。

　　事实上，机器人"入职"新闻业已久，正逐步应用于财经、体育报道等领域。清华大学新闻与传播学院沈阳教授曾指出，随着人工智能的发展，机器人在新闻中的应用会越来越广泛，特别适用于程序化、模板化的快速新闻写作。"从整体上看，机器人写作的稿件数量正在快速增长，经过 5 年到 8 年，机器人写的新闻稿数量有可能会超过人类，这对于降低新闻生产成本和提升行业新闻生产力很有意义。"但他也认为，机器人写作更智能化且水平更接近于人类还需要一定时间。

　　美联社早在 2014 年就启用机器人写稿系统进行财经报道，雅虎公司则将机器人写作用于体育新闻报道。

美联社自动化写作编辑贾斯廷·迈尔斯指出，美联社现在每季度能完成对 4 000 家公司的财报报道，而在启动该项目前，仅能完成 400 家。他认为，机器人写稿系统可将记者从琐碎的报道任务中解脱出来，集中精力从事需要深度思考的领域，如调查性、解释性报道。

为美联社和雅虎机器人写稿系统提供技术支持的是自动化洞察力公司，其开发的软件"Wordsmith"，1 分钟最多可生成 2 000 篇报道。去年全年该公司的机器人程序共写了 15 亿篇文章，涉及金融、房地产、体育等多个领域。

《纽约时报》的"新媒体运营总监"——机器人"Blossom"，运用先进的机器学习技术，每天从超过 300 篇文章中挑出最容易被社交媒体扩散传播的文章，推荐给编辑发布到社交媒体平台。内部统计数据显示，由它推荐的文章，点击量能达到非推荐文章的 38 倍。

国内新闻媒体对机器人的应用也屡见不鲜。2015 年 9 月，腾讯财经频道推出自动化新闻写作机器人"Dreamwriter"，发布了关于消费价格指数的报道。新华社也在同年 11 月启用机器人写稿系统"快笔小新"，供职于体育部、经济信息部和《中国证券报》，撰写体育赛事稿件和财经信息稿件。

前沿技术给传统新闻业带来了新生机，机器人写作背后是大数据抓取、分析和深度学习技术的蓬勃发展。记者们也开始向机器人的开发者们靠拢，开始学写代码、开发程序。美国哥伦比亚大学新闻学院甚至还和工程学院联合推出了"新闻学与计算机科学"双学位课程，除了教授学生传统新闻采写技能，还要求学生掌握软件设计和数据挖掘技能，进行计算机辅助报道。

英国广播公司国际台移动客户端编辑杜鲁沙·巴罗特认为，2016 年，新闻业应用机器人会成为一个重大发展趋势。未来，飞速发展的机器学习技术将被用于改进写作算法，提升稿件质量。那时，机器人或许能够形成写作风格和思辨能力，发表个性化的报道，真正进行"创造性"写作。

（选自《光明日报》2016 年 4 月 29 日）

阅读点拨

机器人作为一个新生事物被越来越多地应用于我们生活的各个领域中。本文介绍了机器人应用于新闻业的几大优势：提高写稿速度；增加稿件数量；降低新闻生产成本和提升行业新闻生产力；将记者从琐碎的报道任务中解脱出来，集中精力从事需要深度思考的领域；推荐容易被社交媒体扩散传播的文章，提高点击量。作者在此基础上提出了机器人未来会取代记者的设想。

我 思 我 行

理解感悟

◆ 本单元文章有的是科学幻想，有的是即将实现的科学技术，但这都是建立在科学研究的基础上的。 文章描写的人物、事物和场景虽然与现实相距很远，但都折射出了现实社会的影子，探索了未知社会中的科学奥秘。 请结合作品具体分析。

◆ 《智能程序》一文是一篇小说，文章人物形象鲜明、主题突出，请你从人物形象或主题的角度提出一个问题。

实践拓展

◆ 在图书馆或互联网上了解科技发展的内容，你觉得我们人类将来在衣食住行方面还会有哪些变化？ 大胆想象，选择一个方面，设计一幅未来人类生活的蓝图。

◆ "阿尔法狗"以 4∶1 的成绩击败前世界围棋第一人李世石一事引起热议，大家认为人工智能一定会进入人类生活的方方面面，那时会有不少人面临失业，陷入窘迫，你觉得有道理吗？

阅读延伸

◆ **《海魔》**（章萍萍　著）

这是一部探险小说，讲述的海洋动物知识丰富，情节生动，引人入胜。 运载着 240 名世界各国儿童科技尖子的"白鸽"，在畅游大西洋时神秘失踪，搜索者在海上找到中国孩子的日记本，得知了船只遇到海怪的经过。 日记中的谜团，失灵的仪器……莫非这一切真的是传说中的海魔在作怪？ 邪恶的势力把孩子们带到繁花似锦的海底世界。 在这个神奇的地方，孩子们惊异地发现了一个威胁到人类生存的大阴谋。 但在这个固若金汤的牢狱里，他们将怎样重见天日、并挽救人类的命运呢？

第六单元

亦真亦幻

　　驰骋于幻想中的未来世界,用幻想的形式,表现人类在未来世界的物质精神文化生活和科学技术远景,其内容交织着科学事实和预见、想象。本单元作品有的酷似童话和寓言,有的富有哲理性,有的以推理和悬念引人入胜……作者往往选取一个巧妙的角度,别开生面,以小见大,宛如一面面精巧玲珑的小镜子,从不同的角度折射出社会生活的各种问题和矛盾。

　　阅读本单元的科幻小说,要抓住科幻小说的特点,理解科幻小说的意义,探索解决现实矛盾的方法。

追 逐 彗 星

［英］阿瑟·查理斯·克拉克

6个月以前，国际天体物理学年会决定派航天考察船"挑战者"号近距离考察兰德尔彗星。船员由科学家和工程师共20人组成，新闻记者乔治也参加了这次考察。

飞船从升空到接近彗星的过程都很顺利。当接近彗星核心时，电磁干扰一次比一次猛烈，几乎切断飞船与地球的联络。"挑战者"号正在缓慢而小心地"爬"进彗核。彗星的核心部分相对于整体来说极其微小，由松散的冰块集群构成，相互环绕运行，沿着彗星轨道共同前进。和地球极地漂浮的冰山不同，它们不是由水凝结而成，不会映出耀眼的白光，而是呈现出脏兮兮的灰色，质地酥松，像半融化的脏雪球。冰块上面还有许多孔洞，里面储存着凝固的甲烷和冻结的氨气，吸收太阳的热量之后，便会时不时喷发出磅礴的气雾。那是一场视觉盛宴，但乔治没有时间欣赏。

他正在对飞船上的备用品做例行检查，他往电子存储器中敲入几个字符，确认一下结余。当那荒唐的数字第一次闪现时，乔治以为是自己打错了。他将运算结果清除，重新向计算机输入信息。

"压缩肉干总量——最初：60 箱；已消耗：17 箱；剩余：99 999 943 箱。"

他再次输入，结果还是错的。他赶紧去找约翰博士。在迷你健身房里他见到了博士。所有机组人员都要在这里进行锻炼，每天 1 个小时，以免全身肌肉在失重状态下萎缩，约翰正同一组粗壮的弹簧搏斗，表情狰狞。当乔治说计算机出了问题以后，他的表情更难看了。

"计算机出毛病了。"他们在做了几组测试后，约翰说，"它连加减法都不会算了。"

"那我们该怎么办?"乔治问道。

"怎么办? 我们死定了!"约翰断然地回答，"我们就要完蛋了! 没有计算机，我们没法测算返回地球的轨道。只用纸和笔，一大群数学家也得好几个星期。"

"太荒唐了! 飞船状况良好，我们不缺食品，燃料充足——你却说我们已经死定了! 就因为没法做几道算术题?"

"几道算术题?"约翰大吼起来，"这可是重大的航线转换问题! 我们要脱离彗星，返回地球轨道，光是不同的运算就要 10 多万次。计算机完成也要好几分钟。"乔治不是数学家，不过凭他对太空航天学的了解，足以明白目前的形势。

飞船航行会受到许多大天体的影响,其中影响最大的是太阳的吸引力。行星的引力相对较小,但也会以这样或那样的方式对飞船又推又拉。飞船必须克服这些引力和推力,还要对它们加以利用——这是一道极其复杂的难题。他理解约翰为何会绝望了。

船长召集第一次紧急会议,几个小时后,大家终于接受了无法返航的事实。

透过笼罩在飞船周围的迷雾,乔治看到熠熠生辉的木星。在几个世纪以前,伽利略透过简陋的天文望远镜第一次见到了木星的几颗卫星,它们仿佛是串在无形丝线上的珠子,绕着木星往返穿梭。丝线上的珠子! 乔治心中一动,一段几乎遗忘的童年记忆突然炸开……

3 天后。

"这简直是个笑话!"约翰说。他轻蔑地瞥了一眼乔治手中的"玩具",那东西由铁丝和木头制成,看起来很不结实。

"请听我说,就 1 分钟。第二次世界大战结束后,有一天,举行了一场比赛。一方是美国人,用电子计算器;另一方是中国人,用算盘,就像这个。结果,算盘赢了。"乔治说。

"一定是计算器出毛病了,或是使用计算器的人是个笨蛋。"

"他用的是美国军方最佳型号。不要争论这个,我来做个示范——说 2 个三位数,让它们相乘。"

"呃——856 乘以 437。"

乔治运指如飞,串在铁丝上的算珠上下飞舞,迅如闪电。铁丝一共有 12 根,这把算盘可以处理高达 999 999 999 999 的数字运算——如果分成几个部分,还能同时进行若干独立的运算。

"374 072。"难以置信,乔治不一会儿就得出了答案,"现在看看,你用笔和纸需要算多久。"

约翰最后的结果是"375 072"。用了 3 倍于乔治的时间,答案却是错的。

科学家的脸上写满了懊恼,惊讶,好奇。

"你是在哪儿学到这套把戏的?"他问道,"我本以为这玩意儿只能做加减运算。"

"这是中国古人发明的算盘。你知道的,乘法不过就是加法的叠加,对吧?我需要做的,是把 856 在个位档加 7 次,十位档加 3 次,百位档加 4 次。你用纸和笔也是这么算的。当然了,在珠算中还有简便算法。我算得快吗?我只练习了两三天,速度还不是很快。不过无所谓了,我只是让你相信,这个办法会管用。"

约翰拿过算盘,用手指轻轻地来回拨动算珠。

"我是这么打算的——你帮我看看有没有遗漏……"乔

治把计划详细地讲了一遍。约翰仔细地听着，表情渐渐放松，过了一会儿，他笑出声。这些天来，乔治还是头一次听到"挑战者"号上有人会笑。

科学家说："你告诉船长，说我们要重返幼儿园学习怎么玩珠子，他脸上会是什么表情？"

起初还有人怀疑，乔治做完几次演示后，便无人作声了。这些人都是在电子时代里长大的，怎么也想不到，只是由铁丝和算珠组成的简陋工具竟然能完成如此复杂的运算。简直是奇迹，也是挑战，因为他们的性命全靠它了。生存的渴望再次高涨起来。

照着乔治手中的粗劣原型，工程技术人员又制作了好多个更加精致的复制品，珠算班顺利开课。解释基本原理不过几分钟，真正动手训练需要很长时间——他们一刻不停地练习，直到手指在铁丝之间下意识地飞舞，好像不需要任何思考，便能将算珠拨动到准确的位置。通过练习，他们被分成几个小组，相互比赛，达到更熟练的程度。最后，"挑战者"号船员们可以在 15 秒之内完成四位数的乘法，可还是不肯罢休地继续练习。

真正困难的部分属于约翰，他必须忘掉烂熟于胸的计算机语言，重新调整运算方式，让其他人的机械式劳动也能参与进来，按照他给出的运算法则进行计算。经过几个小时的工作，一条数学流水生产线便会将结果呈现出来。为了防止出现错误，他们组建了两支独立的计算小组，两边同时工作，定时检验对方的结果。

"我们的工作……"乔治对着录像机说道，他终于有时间考虑地球听众了，"是用人力取代电子线路，重新组建一台'计算机'。别看速度只有电子计算机的几千分之一，无法同时计算多个数字，还很容易疲劳——但我们还是成功了。虽然无法调整航线返回地球，但我们可以退而求其次，变动飞船轨道，驶向无线电不受干扰的区域。一旦逃出电磁干扰区，我们就可以将所在位置传送给地球，让地球上的计算机告诉我们接下来该怎么做。"

"我们已经脱离了兰德尔彗星，不会随着它飞出太阳系了。我们还处在彗尾范围内，已经看不到那些冻结的氨气冰山。它们正朝群星飞去，即将隐没在无数'太阳'之间。而我们，就要回家了……"

"你好，地球……你好，地球！这里是'挑战者'号，这里是'挑战者'号。收到信号请立即回复——需要你们对运算结果进行检验——在我们的手指磨到只剩骨头之前！"

（选自《神的九十亿个名字》，邹运旗译，江苏文艺出版社2013年版，有删改）

阅读点拨

　　这篇科幻小说以探索彗星为题材,团队以传统的算盘代替现代的计算机,拯救了飞船。文中的奇思妙想,为人类探索彗星提供了幻想的平台,同时能激发读者探索太空的好奇心。文章详细描述了彗核里的环境,提供了极有现场感的背景,为读者展现了一个奇妙的未知世界,使人如临其境。

金星人的挫折

[美]阿·布克华德

上星期,金星上一片欢腾——科学家们成功地向地球发射了一颗卫星! 眼下,这颗卫星停留在一个名叫纽约市的地区上空,并正向金星发回照片的信号。

由于地球上空天气晴朗,科学家们便有可能获得不少珍贵资料。载人飞船登上地球究竟能否实现? ——他们期待对这个重大问题取得某些突破。在金星科技大学里,一次记者招待会正在进行。

"我们已经能得出这个结论,"绍格教授说,"地球上是没有生命存在的。"

"何以见得?"《晚星报》记者彬彬有礼地发问。

"首先,纽约城的地面都由一种坚硬无比的混凝土覆盖着——这就是说,任何植物都不能生长;第二,地球的大气中充满了一氧化碳和其他种种有害气体——如果说有人居然能在地球上呼吸、生存,那简直太不可思议了。"

"教授,您说的这些和我们金星人的空间计划有无联系?"

　　"我的意思是：我们的飞船还得自带氧气，这样，我们发射的飞船将不得不大大增加重量。"

　　"那儿还有什么其他危险因素么？"

　　"请看这张照片——您看到一条河流一样的线条，但卫星已发现：那河水根本不能饮用。因此，连喝的水我们都得自己带上！"

　　"请问，照片上的这些黑色微粒又是什么玩意儿呢？"

　　"对此我们还不能肯定。也许是些金属颗粒——它们沿着固定轨迹移动并能喷出气体、发出噪音，还会互相碰撞。它们的数量大得惊人，毫无疑问，我们的飞船会被它们撞个稀巴烂的！"

　　"如果您说的都没错，那么这是否意味着：我们将不得不推迟数年，来实现我们原来的飞船计划？"

　　"说对了。不过，只要我们能领到补充奖金，我们会马上开展工作的。"

　　"教授先生，请问：为什么我们金星人耗费数十亿格勒思（金星的货币单位）向地球发射载人飞船呢？"

　　"我们的目的是，当我们学会呼吸地球上的空气时，我们去宇宙的任何地方都可以平安无事了！"

（摘自《读写月报》2005 年第 9 期）

阅读点拨

　　《金星人的挫折》是一篇科幻小说,作者巧妙地借虚构的"金星人"之口讲述了金星人不能适应地球的恶劣环境而不得不推迟数年来实现其原来的飞船计划的故事。文章的写作目的在于揭示地球气体、水源、噪音等污染问题的严重性,从而警醒人们好好爱护我们的地球家园。

出访前人类

英　子

　　在亚马孙的热带丛林里度过两年艰苦的淘金生活后,淘金工比克和考尔决定回他们的家乡。两人的背囊里都有一包沉甸甸的金砂,他们的心里充满成功的喜悦。他们现在恨不能一步穿越热带丛林,立刻和自己的亲人团聚。

　　于是,比克和考尔选择了一条比较难走、据说要近得多的路,仗着自己有丰富的丛林生活经验,比克和考尔满怀信心。第五天的下午,他们发现丛林里的树木稀少了些,比克和考尔加快了步子,很快穿过这片开阔的林带。

　　太阳已开始西垂,原本就昏昏暗暗的丛林更加幽暗。走在前面的考尔用力地挥动利斧砍去纠缠在一起的藤葛,他们走过的地方,留下一条细细的小路隐隐约约伸向密林深处,在这荒无人迹的地方,也只有这里才能看到一点人的痕迹。

　　就在这时,丛林里似乎明亮了些,前方似有什么物体反射道道光线,晃得考尔眼花缭乱。

　　"那里是什么,怎么这么亮?"考尔用手挡住这股光亮,从树缝里向远处眺望。他们好奇地加快步子,想看看那里是什么。

两人快步向那处亮光走去,那亮光像灯标一样吸引着他们。

当那个发光物体终于出现在两人眼前时,他们两个吃惊得半天不能发出声音:在他们眼前的树丛里,在这从未有人居住过的地方,他们看到一个怪物———一座耸立丛林里的巨大的黑山!一座通体闪闪发亮的高不可攀的黑山!

考尔和比克狂奔上前,当他们的手触摸到山体时,他们的惊讶更增大了几分:黑山上闪闪发亮的岩石不是粗糙的石头,而是光滑透亮的玻璃!

黑色的玻璃山聚拢了丛林里的阳光,闪闪烁烁放射到四周的树林里,方才刺痛了考尔眼睛的光亮,正是这座巨大的玻璃山体发出来的。

考尔和比克突然想起,很早以来一直有人传说着丛林里有一座古怪的黑玻璃山的事。

"人们一直在传说的就是这座山吗?"他们都用眼睛在询问着对方。

当然,他们谁也说不出什么。

黑色的山体是那么高大,挡住了两人的去路。考尔性急地围着大岩石绕了一会儿,想找一处岩缝什么的攀登上去。

可四处的岩石都那么平滑,整座玻璃山像是一座整体的玻璃雕塑,天衣无缝,光滑无比,竟连个可以攀登的凹凸处都找不到。考尔和比克这下为了难:他们必须绕很远的路,才能走出这处怪异的山体。

考尔就要离开黑色玻璃山的时候,他用斧头敲下了一块黑石头:"这石头太古怪了,带出去给人看看是什么东西!"当时考尔是这么想的。

最后,考尔和比克走出了亚马孙丛林,他们带回的那块石头辗转到了一个化学专家的手中,化学专家也无法说出这块石头是怎样形成的,但他却把石头送进了国家科技馆。

40 年后,在北美洲海拔 7 000 米的沙漠高原上,在这片无人敢永久居留的生命禁区,一座实验室秘密建成。里面有 1 台回旋加速器,2 台发电机和 1 台更大的高压发电机,现在正在产生着神秘的原子核。参加此次实验的都是最卓越的科学家。

7 月 15 日的深夜,一座钢铁的高塔耸立在高原上,在那 100 米的塔顶,装着人类史上的第一颗原子弹,这不过是一个比孩子玩的足球还要小一些的圆球,目前它的威力人们还未知晓。

7 月 16 日零时,随着高原上的第一声轰响,人类将步入原子时代。

零时终于在人们焦灼的盼望中来到,在这一瞬间,随着一声无法形容的超级轰响,巨光闪烁处,一朵蕈(xùn)状云冲向黑色的天幕。刹那间,仿佛从地下一下升起了 1 000 颗太阳,这新生的太阳群聚集着可怕的能量,黑夜逃开了,代替它的是炽烈的明亮和撕裂了天地的恐怖巨响。尘土刹那间飞旋到 15 000 米高处,群山滚过阵阵雷鸣,沙漠沐浴在一片火海之中,所有高原上的动植物在这一瞬间痛苦地死去。

就连几百公里外的黑夜,都被这原子弹的强光照得如同燃起了万千灯火。

人类在哪里? 在这铺天盖地的灾难面前人类处于什么位置? 不,这里已没有人类的存在,人类已渺小到"无"。

这一次实验是成功的,而且比人们预想的效果还要强烈。它相当于 2 万吨 TNT 的威力,深藏于地下的实验室里的所有仪器都被震坏了。况且这不过是一颗小型的原子弹,它比起后来我们人类还将拥有的超级原子弹来说,只是个小玩意儿罢了。

惊心动魄的一刻过去后,参加此次实验的化学专家史特莱震惊地看到:原子弹爆炸中心的现场留下了一个 1 000 多米宽的大坑,那钢铁的架子消失了,但并不是被炸得粉碎,而是在高达几百万摄氏度的高温下,像巧克力那样融化得无影无踪了。远处的那片沙漠,已被高达 2 000 多摄氏度的高温融化成一座座绿色的玻璃山。

(选自《科学 24 小时》2004 年第 8 期)

阅读点拨

第一颗原子弹的爆炸,象征着我们人类走进了原子时代。本文用平实的语言描述了世界上第一颗足球般大小的原子弹爆炸试验的经过,尽管是虚幻的,但与现实原子弹爆炸的威力和所产生的后果却如出一辙,让我们切身体会到它给人类带来科技进步的同时,也带来了灾难和痛苦,而这种痛苦是无穷无尽的。

今夜无所不能

萧志勇

　　天高地迥，宇宙无限。蜿蜒银河横亘秋空。博士看了看手表：还有不到一个小时。他环视着身后一望无际的联合国广场，上千名工作人员在通明的灯火下来回奔波，做最后准备，无数的镜头正对准着广场上的大平台，一切宛如梦幻。

　　博士吸着烟，对着夜空徐徐地吐出烟圈。他们会如何出现？他不知道。他们大抵会像电影"天煞"般，乘着像垃圾桶盖子的巨型飞碟降落吧。外星人嘛，也许像罗兹威尔那种一样，头大手大脚短小，碧绿的大眼透着摄人心魂的光芒……

　　"博士，都准备好了。现在就等你发表演说了。"助手边跑边说。这助手头大身小，才大学毕业便已头发稀疏，样子怎么说也不算好看。难得他跟随自己多年，从 10 年前收到外星人的讯号开始，10 年来，与自己一同孜孜不倦地追寻外星人，终于，他们破解了讯号：外星人即将降落地球——就在今夜。

　　博士缓缓步向讲台，四周夹道的人群爆出热烈欢呼，掌声震天。他用力将烟一口吸尽，烟头在刹那间烧出通红火光,复又暗淡下去。博士看着周遭乱哄哄的人群,心里在冷笑着:"人生嘛,不也和香烟的火光一样? 蜉蝣天地,沧海一粟,生命转瞬即逝。真可怜的人类!"

"但我与别人是不同的!"博士狠狠地低声说着。他早就感觉到了。要不然为什么在 10 年前夜观天文之际,无端发现了外星传来的讯号? 为什么别的科学家破解不了的讯号,他花 3 个月便解读了? 难道自己比别人聪明?

"不! 我是不同的!"博士在心里大声喊叫。他一步步踏上阶梯,炫目的灯光照得他全身发白。"我对外星人有特别感应! 我就是外星人! 他们是来接我的! 外星人是来接我回去的!"

博士一把抓起麦克风,在雷鸣般的掌声中开始演说。他诉说着过去研究的种种艰辛,如何破解外星人传来的讯号,自己怎样将讯号传回来,及至怎样知道外星人将在此时此地降落等。博士浑然忘我,全球的焦点都集中在他身上。

终于,演说进入尾声。博士按着胸口,一颗心剧烈跳动着,仿佛要从口里跳出来。他以沙哑的声音说着:

"……各位,在宇宙另一端的友好生命,即将在我们眼前出现! 此时! 此地! 历史性的一刻!"人群声震屋瓦,来回激荡。"然而,在这之前,我要告诉各位另一个重大秘密。你们可能会无法接受,甚至觉得无稽……"

　　人群开始安静下来,空气仿佛凝固了。博士深吸一口气,准备说下去。广场的灯光倏地暗了下来。每个人都把眼睛和嘴巴张得大大的,翘首朝上方望去。博士也仰首看着——

　　犹如垃圾桶盖子的超巨型太空船浮于空中,将夜空完全遮盖。从宇宙船射出的万道灯光,将广场上每个人的脸庞照得青一阵,红一阵。

　　博士目瞪口呆。一切如他所料,但他自知在回去前必须将演说完成。这时助手来到他身旁,向他说道:"博士……"

　　接下来助手的说话已听不清楚。博士只感到一束柔和白光自太空船腹吐出,将他整个包在光海里。他张开双臂,眯着眼,准备与同类会面,准备回到外太空遥远的故乡。他听到助手最后的一句话:"……谢谢。"

　　倏地,博士与助手的距离迅速拉远。博士惊恐地张大嘴巴,看着助手在光海里缓缓地上升——太空船竟是来迎接他的? 难道助手才是外星人? 博士忽然明白了一切。他猛地想起,10年前发现外星讯号的晚上,正好是聘用他为助手的那一天……还有破解讯息时助手那奇异的眼神……助手常常无故对着星夜自言自语……他早该知道这一切……

　　助手浮在半空中,向博士投以一个抱歉的微笑。他们在刹那间交换了心意,一切恍然大悟。博士跌坐在地上,报以一个惨淡而无力的笑容。光束隐去,宇宙船传出隆隆的低鸣声,迅即化为夜空中一个光点,消失得无影无踪。

(选自《语文世界》2009 年第 21 期)

阅读点拨

　　本文通过对博士心理活动的描写,生动地表现了人们对外星人追求的狂热。文章一开头运用了一句有气势的短句描写了一个梦幻般的场景,为外星人的到来创造了良好的氛围,带给我们无尽的想象。接着,一连串心理活动,情节曲折离奇,使我们错误地认为博士真的是外星人。疑惑还没有被解释清楚,作者笔锋急转直下,道出了一个让人们意想不到的"秘密":跟随博士 10 年的助手才是外星人。最后以博士对着助手的"一个惨淡而无力的笑容"告诉我们:自以为不可能发生的事往往就会发生在自己身边。

同　学　会

夏笳

　　小杨放春假回家,接到中学同学小刘的电话,说毕业 10 年了,要组织大家聚一聚。

　　放下电话,小杨自己也忍不住感慨:"怎么一转眼就 10 年了呢?"

　　聚会那天雾很大,窗外灰蒙蒙一片,什么都看不见。小杨有点不放心,专门打电话问小刘要不要改日子,小刘却说:"不改不改,雾里看花才最有意思呢!"

　　小杨开车出去,车上开了雾中导航系统,在车窗上投影出沿途街道,连同车辆和行人的动态图像都能捕捉到,一路上平安无事。他把车开到以前的中学门口,看见沿路已经停了好些车。有些不如他的车好,有些则要贵点。小杨把防雾面具戴上,推开车门钻出去,面罩的口鼻部分有空气净化膜,视窗上也可以显影图像,把隐藏在浓雾后面的一切呈现在眼前。他透过面具抬头四望,看见中学校门还跟记忆中一样,高高的铁栅栏门耸立着,旁边几个鎏金大字在红砖墙上发光。铁门里面的楼群与草木也都没有变,风吹过,依稀还能听见一排冬青树叶子沙沙地响。

小杨穿过熟悉的教学楼,走到大家当年升国旗、做早操的操场上去,看见黑压压一大群人,三三两两站在那里聊天,似乎已经来得差不多了。虽然脸上都戴着面具,但每一副面具上都有一张面孔在闪烁,仔细看过去,大多是中学时代的旧影像。他心里暗暗赞叹这点子有趣,便也从个人信息库中挑了一张旧照片投影在面具上。很快便有几个人围拢过来,都是当年关系要好的玩伴。小杨便跟他们聊起来,毕业了没有,在哪里工作,结婚没有,买没买房子,说说笑笑好不热闹。

正说到兴头上,突然听见高处有人说话,抬头一看,小刘不知什么时候爬到了主席台上,学当年校长讲话的样子,手里拿一只麦克风,声音闷闷地说:"各位同学,欢迎大家回到母校!这个冬天学校在翻修,好多教学楼都被拆掉了,所以只能委屈大家在操场上集合啦。"

小杨心中一惊,这才明白,进门时看到的那些楼群,其实也不过是旧日影像罢了。不知道当年上过课的教室,打过饭的食堂,还有中午休息时偷偷爬上去打盹的天台,是不是也都被拆掉了?

小刘又说:"不过这个操场,对咱们班的同学来说意义很特殊,不知道还有没有人记得?"

人群安静了一阵,没有人说话。小刘故作神秘,不知从哪里捧出一样东西，上面盖着一块布。他激动地高声说："这次操场翻修，有个工人师傅把咱们班当年埋下的记忆盒子挖出来了，刚刚检查过，保存得很完好，现在就在我手里！"

他用夸张的动作把布一掀，露出一只四四方方的银白盒子。大家一下炸开了锅，嗡嗡地议论起来。小杨的心也忍不住怦怦地跳，许多鲜活的回忆一起翻涌上来。当年毕业时，不知是谁突发奇想，提议每个人自己录一段影像，转存到一台立体摄放器里，埋到操场旁边一棵大树下，10 年后再找出来一起看。怪不得小刘要组织大家聚会，原来真正的由头是这个。

小刘又说："大家应该还记得，当初说好，让每个人最后说一个将来要实现的梦想。现在 10 年过去了，咱们就来看一看，都有谁是梦想成真的大赢家。"

大家愈发兴奋，哗哗地鼓起掌来。小刘又说："盒子在我手里，我就给大家带个头吧。"

他把 5 个手指都贴到盒子上去，一盏蓝色小灯幽幽地亮了，像一只孤零零的眼睛。从盒子上面升起一团光来，抖动了两下，变成小刘高中时的模样。

大家都仰头盯着那个小刘看，看他中学时代记录下的点点滴滴。小刘竞选班长，品学兼优；小刘代表校队去踢球，进了球；小刘组织课外兴趣小组，带领大家一起搞竞赛；小刘竞赛落选,在老师和同学的鼓励下振作起来继续努力;小刘双眼含泪满怀深情地说:"母校,我会永远记得你。我会让你以我为荣。"小刘还说:"我梦想 10 年以后,能有一间面朝大海的办公室。"

光芒熄灭下去,像潮水退下。小刘拿出手机,把一张照片投影到半空中。照片上的小刘成熟了不少,西装革履,坐在办公桌前笑容满面,背后落地玻璃窗外果然是大海,蓝天白云,美得好像明信片一样。

大家又是鼓掌,恭喜小刘梦想成真。小杨也跟着鼓掌,心里却有些说不出的滋味,感觉这种搞法,不太像同学会,却有点像电视真人秀。但小刘已经跳下台,把盒子交给另外一个人。又一团光芒从人们头顶上方升起,小杨也就禁不住抬着头跟随大家一起看着。

各种回忆:上课,考试,升旗,做操,迟到,放学,自习,逃课,打架,抽烟,失恋……各种梦想:恋爱,工作,旅行,一些名词,一些地点,一些物件。终于他看见了自己,那剃着短发,黑黑瘦瘦的模样,几乎令他有些羞臊。他听见自己用哑哑的声音说:"我梦想将来做个有趣的人。"一瞬间他感觉到愕然,不知所措,当年怎么会说出这样的话,又怎么会说过之后全然不记得。然而掌声却雷鸣般涌了过来,大家都哈哈大笑,称赞小杨的想法别出心裁,很有几分意思。

他把盒子交给身边的人,感觉额角在湿漉漉的雾气里渗出汗来。他突然想要快点结束这一切,开车回家,把面具摘下来,好好地泡一个热水澡。

他听见旁边传来一个女孩子的声音,听起来有几分熟悉,他又把头抬起来。多么巧呀,他看见的是高中时与他做了 3 年同桌的小叶。

他对小叶印象不深,模样普普通通,不特别漂亮,也不难看;不很聪明,也不笨。他仔细搜刮了一下记忆,想起她似乎特别爱笑,虽然牙齿不太整齐,笑起来有点傻气。他又想起她有一些奇怪的小动作;想起她喜欢在课本上写写画画;想起她时不时会突然闭上眼睛,双手按在太阳穴上,嘴里叽叽咕咕念念有词。但他从来没有问过她在念什么。

他听见 18 岁的小叶,用单薄而平淡的声音说:"我好像没有什么梦想,我不知道 10 年以后自己会在哪里。"

她说:"其实我很羡慕大家,我羡慕你们每一个人,我羡慕你们能梦想自己的未来。你们的很多事情,在没出生前就有爸爸妈妈帮你们安排,帮你们计划,只要不出差错,一步一步往前走就好了。"

她又说:"在我出生前,就被查出得了一种遗传病。医生说我大概活不过 20 岁,建议我妈妈不要把我生下来。但妈妈还是坚持要生,因为这件事,她和爸爸吵了很多次,后来他们终于离婚了。"

她又说:"在我很小的时候,妈妈就把这件事告诉了我。她说,孩子,将来你能活成什么样子,全靠你自己,我一点也帮不上忙。她还说她不会帮我决定任何事情,包括去哪里玩,交什么朋友,买什么书,上什么学校等等。她说她已经替我做了人这一辈子最大的决定,就是要不要出生这件事,以后我做任何事情都不需要跟她商量。"

她又说:"我不知道自己还能活多久,也许明天就死了,也许还能再坚持几年。可是直到现在我还没想好,临死前一定要做的事情是什么。我羡慕所有活得比我长的人,可以有许多时间去想,再有许多时间去实现。有时候又觉得,活得长一点短一点好像也没什么区别。"

她又说:"其实我有好多梦想:梦想坐着宇宙飞船飞向太空;梦想在火星上举行一场婚礼;梦想能活很久很久,看到一千年、一万年以后的世界会变成什么样子;梦想变成一个伟大的人,死了以后可以有许多人记得我的名字。我也有一些小小的梦想:梦想看一场流星雨;梦想考一次年级第一,让妈妈为我高兴;梦想喜欢的男孩在我生日那天为我唱一首歌;梦想看见小偷在车上偷钱包,我能勇敢地冲上去把他抓住。有时候我实现了一个梦想,却不知道自己该不该高兴,不知道如果第二天就死掉的话,自己会不会觉得,活成这样就足够了，圆满了，不再有什么遗憾了。"

她又说："我梦想 10 年之后还能见到大家，听听大家都实现了什么梦想。"

她把话说完，就消失了，不见了，光芒一点点散去。安静片刻，突然有人惊叫："她人呢？"小杨低头看，才发现银白色的盒子躺在地上，周围一圈黑漆漆的脚尖。他又打量四周，看见一张张面具上人脸闪烁，却一时间分辨不出谁是谁。

人群中轰然炸开了锅。有人说："闹鬼了。"有人说："是谁在跟大家开玩笑吧。"也有人说："同学 3 年，从来没听她说起过有这回事，是真的还是假的？"还有人说："也没听说过有这么一种怪病的。"

议论了半天，没个结果，也没有找到小叶本人。事情就这样不了了之了。

晚上吃了饭，喝了酒，小杨一个人回到家。窗外依旧是蒙蒙的雾，一团团红的蓝的灯光像染料一样晕开。小杨倒在床上闷头就睡，睡到半夜却自己醒了。他突然有种莫名其妙的恐惧，觉得很可能再见不到第二天的太阳，觉得自己会稀里糊涂死在梦里。他回想起迄今为止度过的人生，想起高中毕业后，10 年光阴弹指一挥间。他觉得人生原本挺美好，像花团锦簇的一幅画卷，现在却被绷开一道口子，里面黑漆漆的，深不见底。他像是从天上掉入了深渊，深渊里大雾弥漫。

他看不到一丝光明,只看到一切背后的空茫。他竟然蜷成一团呜呜呜地哭起来,把晚上吃的酒菜吐了许多在枕头上面。

第二天浓雾散去。小杨爬起来,看见窗外晴朗的天空,又感觉到神清气爽,前一天的不愉快都忘掉了。

(节选自《2044 年春节旧事》,原载《北京文学》(中篇小说月报),2014 年第 12 期)

阅读点拨

与其说这是一篇科幻小说,倒不如说是一篇童话,因为它既有瑰丽的想象与构思,又有严肃深刻的主题。小说写的是中国老百姓的小故事,真实反映当今社会人与人、人与社会的关系以及人对自身和世界的思考。

不能共存的节日

刘慈欣

一

1961 年 4 月 12 日,拜克努尔航天基地。

谢尔盖·科罗廖夫站在被烧黑的发射架旁,抬头看着蓝天,在那看不到的太空中,人类第一名宇航员已经绕地球飞行了大半圈。

"总设计师同志,请接受一个普通人的祝贺!"

科罗廖夫回过头来,看到一个身穿工作服的中年男人对他伸出手来,从服装看,他是基地级别最低的工人。科罗廖夫握了他的手。那人从裤子口袋中掏出一个瓶子,又从另一个口袋摸出一个小金属酒杯,"我们得喝一杯,总设计师同志,可我只有一个杯子。"他咬开瓶盖给杯子倒满酒。

科罗廖夫接过那个脏兮兮的杯子。他现在已经疾病缠身,不适合喝酒;再说在这个伟大的时刻,他完全可以无视这个人。但科罗廖夫这时可以怠慢官员和将军,却不能无视这个最底层的人——在西伯利亚的那些年,他的身份比这人还低。

那人拿着瓶子与总设计师碰了一下杯,然后猛灌一口。

"在这个伟大的时刻,您能允许我讲个笑话来庆祝吗?"

科罗廖夫也喝干了杯子里的酒,伏特加像火箭燃料似的把热乎乎的感觉传遍全身。

"谢谢,你的笑话?"总设计师微笑着问。

"我是一个外星人,您就叫我……G 吧,我来地球考察,我的兴趣是地球的重要节日。"

"哦,那你的收获一定不小,只要你的调查范围足够广,地球的每一天可能都是节日。"

"我之前进行了大量的考察和研究,事实上,真正的重要节日我一个都没有发现。"

"圣诞节不重要吗?"

"当然不,尤其对唯物主义者而言。"

"那新年呢?"

"也不重要,这颗行星又公转了一圈而已。"

"那你认为的重大节日是什么呢?"科罗廖夫有些心不在焉,他转身向不远处的军用吉普走去,他要回控制中心了,"东方"号飞船即将开始减速,开始载入过程。

"比如说分裂节。"

"什么?"

"地球上生命细胞的第一次分裂,当然那是很久以前的事了……"

正要上车的科罗廖夫停下来，扶着车门回头看着 G。

"再比如登陆节，就是生命从海洋爬上陆地的那一天；下树节，长臂猿从树上下来的第一天；还有直立节、取火节等等。"

"但这些节日，我们是无法知道具体日期的。"科罗廖夫说。

"那可以随便定一个，其实圣诞节就是在公元 300 多年时由教会随便定的，《圣经》上根本没有记载耶稣是什么时候诞生的。"

科罗廖夫准备上车，G 拉住了他，"总设计师同志，我想说，今天就是人类一个重大的节日，我把它命名为诞生节。"

"谁诞生？"

"人类。"

"人类早就诞生了。"

"哦，不，如果您此时处于加加林上尉的位置，就会发现地球是一个蓝色的母体，婴儿只有出了母体才能称为诞生……哦，总设计师同志，很抱歉，我的笑话不可笑。"

科罗廖夫再次同 G 握了一下手，"很有意思。谢谢你，同志，我以后会每年都庆祝这一节日的。"

"哦，不不，"G 摇摇头，"今天是否能真正成为诞生节，还要等等看，还要等等看才知道呢，总设计师同志。"

总设计师的车开走后，G 把一条信息发回母星：蓝星纪年 1961 年 4 月 12 日有可能成为诞生节，目前评估可能性为 52.69%，持续监测中。

二

2050 年 10 月 5 日,北京中国科学院脑科学与人机工程研究中心。

大屏幕上显示:

我是银累,我向系桶输入思慰鼠具,山.14 一壶酒,虫试。

我是银类,我向系统输入思慰数据,3.141 壶 9,重试。

我是人类,我向系统输入思维数据,3.14159。

最后一行显示后,实验室里爆发出欢呼声。这些数据是从一个人的大脑直接输入计算机中的,实验者戴着大脑感应头盔,第一次实现了人与电脑的直接连接。

兴奋持续了一个多小时,人们开始散去,脑机接口项目首席科学家丁一也从兴奋中平静下来。

"各位老师,请接受一个普通人的祝贺。"

人们回头,看到一个腋下夹着扫帚的中年男人在对他们微笑,这是实验室的勤杂工,之前他们彼此没有说过什么话。这人放下扫帚,从工作服口袋里拿出一瓶酒,又从另一个口袋里拿出一摞显然是从门口饮水机上拿来的纸杯,分给大家后挨个倒酒。

"你知道我们在做什么吗?"有人问他,像以前创造历史的科学家一样,他们多少意识到这个突破的意义,但也没有十分的把握,因为许多当时看似划时代的成果都淹没于时间之中,他们此时有的只是项目完成后如释重负的轻松感。一个勤杂工居然对这个成果如此兴奋,让他们很好奇。

"当然知道,这是一个伟大的时刻。"勤杂工说。

人们开始喝纸杯里的酒,北京二锅头把热乎乎的感觉传遍全身。

"在这个伟大的时刻,能允许我讲个笑话来庆祝吗?"勤杂工说。

"笑话? 呵呵,你讲。"

"我是一个外星人,您就叫我 G 吧,我来地球考察,我的兴趣是地球的重要节日。"

"哦,那你的收获一定不小,只要你的调查范围足够广,地球的每一天可能都是节日。现在节日的数量还在不断增加中,像'双 11 节'什么的。"

"我之前进行了大量的考察和研究,那些都不是重要节日。我是想说,今天才是人类的一个重要节日。"

科学家们互相看看,会意地点了点头,丁一对 G 说:"有可能,你把这个节日叫什么呢?"

"我还没想好。"G 仰脖把瓶里剩下的一点酒喝了,"唉,上次喝酒是和总设计师同志,可敬的总设计师。"

"总设计师? 是谁?"有人问。

"科罗廖夫,谢尔盖帕夫洛维奇·科罗廖夫。"

丁一点点头，"人类第一艘宇宙飞船的总设计师，不过，他活着的时候还没有你吧？"

"丁总，人家是外星人。"有人打趣道。

"呵呵，我忘了。不过，G 先生，"丁一抿了一口酒，"科罗廖夫这样伟大的前辈确实值得敬仰，但我们今天的突破有可能使他们所有的努力变得全无意义。"

"哦？"G 露出很天真的疑问神情。

"这个突破之后，脑机连接技术将飞速发展。很快，互联网上连接的将不是电脑而是大脑，接下来顺理成章的是，人的记忆、意识和全部人格将能够上载到计算机和网络中，人类有可能生活在虚拟世界中——虚拟世界，你想想，在那里人什么都可以做，想什么就有什么。在那里，每一个人都可以拥有整个星球，甚至整个宇宙！"

"对呀，所以，飞出地球太空航行算嘛呀！"一个年轻人接口说。

"其实这个伟大的进程早已开始，"丁一说，"互联网、可穿戴设备、VR、物联网……记得吗？几十年前，父母们居然责怪孩子们沉溺于网络，而现在，断开网络沉溺于现实是最让人不齿的懒惰和堕落。今天的突破，让人类迈过 IT 伊甸园的最后一道门槛！"

"你能想象一下人类未来的 IT 天堂吗？"年轻人又说，"未来的虚拟世界确实是天堂，其美妙是任何想象都难以企及的。我只想象一下那时的现实世界。开始，现实中的人会越来越少，虚拟天堂那么好,谁还愿意待在现实中,都会争相上载自己。地球渐渐变成人烟稀少的地方,世界逐渐回到人类出现前的样子,森林和植被覆盖着一切,大群的野生动物在自由地漫游和飞翔……只是在某个大陆的某个角落,运行着一台大电脑,人们通过脑机连接,在电脑中实现一切,多么惬意!"

"哇,好诗意!小李,再弄瓶酒去,哦,不用,外星人先生,和我们一起吃庆功宴去!"丁一搂着 G 的肩膀说。

G 摇摇头,弯腰拾起扫帚,一边开始打扫,一边用梦呓般的声音轻声说:"与总设计师同志分别后,我在太空中漫游,又探访过无数的世界,那些行星,蓝的、红的、黄的……各种颜色的母体,智慧文明在其中孕育,在现实中成长,飞向太空,却在虚拟世界中熄灭,像荷塘中的萤火虫,一闪一闪,最终消失在暗夜里。你们看看星空,一片寂静,知道为什么了吧……哦,各位,很抱歉,我的笑话不可笑。"

G 拿起垃圾篓,慢慢走了出去,他的背影显得苍老了许多。

在实验楼的大门,G 把一条信息发回母星:蓝星纪年 1961 年 4 月 12 日疑似诞生节取消,2050 年 10 月 5 日确定成为重大节日,暂命名:流产节。

(选自《2016 中国最佳科幻作品》,人民文学出版社 2017 年版,有删改)

阅读点拨

　　这篇科幻小说通过外星人对地球人节日的考察,揭示出人类选择外向发展与内向发展的不同结局。小说叙述了发生在不同时间、不同国家探索人类未知世界的两个故事,情节相似,但结果不同,引发读者的深入思考。作者借外星人之口,将宇宙中的行星形容为各种颜色的子宫,"智慧文明在其中孕育,在现实中成长,飞向太空,却在虚拟世界中熄灭,最终消失在暗夜里。"表达了一种智慧的思想:当人类对未知世界的探索沉溺在虚拟世界时,曾经成长的智慧文明就会逐渐消失,人类未来的命运令人担忧。

我 思 我 行

理解感悟

◆ 本单元选编的科幻小说都表现了在科学的探索中遇到的困难和发生的奇幻故事，阅读后你有什么感受？

实践拓展

◆ 阅读本单元的文章，你是否被科幻故事的迷离情节、奇特想象给迷上了？ 那就来制作一本科幻故事会吧。 注意语言生动，可配以形象精美、洋溢着动感的插图，让你的故事锦上添花。

◆ 未来会怎样，请发挥丰富的想象，自主创设具有科幻感觉的主体物形象，举办优秀科幻画作品展。

阅读延伸

《流浪地球》(刘慈欣 著)

　　刘慈欣创作的短篇科幻小说《流浪地球》，2000 年获中国科幻银河奖特等奖。 作品涵盖了从奇点到宇宙边际的所有尺度，跨越了从白垩纪到未来千年的漫长时光，其思想的速度和广度，早已超越了"可上九天揽月，可下五洋捉鳖"的传统境界。 但是作品的意义，远不限于想象的宏大瑰丽。 在飞翔和超越之际，刘慈欣从来没有停止关注现实的问题、人类的困境和人性的极限。 在他的许多作品中，世界都面临着各种巨大的危机，而在种种匪夷所思的解决方案中，正隐含着对种种现实问题的深切思考。

出版说明

  "推动全民阅读，构建书香社会"已成为当前我国文化发展战略的重要组成部分，对建设社会主义文化强国，增强国家软实力和文化自信，实现中华民族伟大复兴的中国梦具有重要意义。为了落实中央的指示精神，助推全民阅读，满足广大中小学生的阅读需求，我们特组织编写了这套"全民阅读·阶梯文库"。

  分级阅读是国际上比较流行的一种阅读理念，比如蓝思分级法、A～Z分级法等，我国古代也有"少不看《水浒》，老不看《三国》"之说。那么，怎样把合适的读物，在适当的时候，用适宜的方式推荐给适合的读者呢？这不仅需要社会责任感、理性公允心、文化担当与服务精神，也需要精准的辨识眼光与深厚的人文素养，因而也一直是我国教育出版界的"老大难"问题。这套"全民阅读·阶梯文库"就是我们对阶梯阅读所做的一个积极尝试。

  本文库努力体现全民阅读理念，以培养现代公民综合素养为宗旨，为青少年打下"精神的底子"，系好人生的"第一粒纽扣"。文库按学前段、小学段、初中段和高中段进行编写，以各年龄段读者的心智特点与认知水平为划分依据，旨在体现阶梯阅读层级，激发阅读兴趣，养成阅读习惯，掌握阅读方法，丰富人文底蕴。学前段突出亲子阅读与图画阅读，重在培养好奇心与亲切感；小学段体现以儿童文学为主的综合阅读，重在培养对汉语言文字的亲近感；初中段分传统文化、科普科幻和文学三个分卷，重在培养对传统文化和文学作品的理解欣赏能力，提升科学素养；高中段分传统文化与科普科幻两个分卷，重在培养理解分析能力以及质疑探究能力。

当前，中国特色社会主义已进入新时代。作为教育出版工作者，我们无疑负有新时代文化传承与传播的神圣使命。这套"全民阅读·阶梯文库"在内容选择、精准阐释与价值传播上都做了一些探索，希望通过阶梯阅读的形式，推动全民阅读，倡导经典阅读与有价值的阅读。

本套书选文的作者多数我们已取得联系，部分未能联系上的作者，我们已委托中国文字著作权协会代付稿酬，敬请这些作者通过以下联系方式领取稿酬：

联系电话：010－65978905/06/16/17 转 836

本书编写组